集客都市

文化の「仕掛け」が人を呼ぶ

橋爪紳也

日本経済新聞社

はじめに――「仕掛け」からの都市論

転換期にある都市

二〇世紀末から二一世紀初頭にかけて、日本の都市は大いなる転換期にある。

これが、筆者が本書を著すにあたって抱いている認識である。従来型の、つまりは二〇世紀という時代が産んだ産業都市のままであって、この国の都市はよいはずがない。必然として変わらなければならない。この強い想いが、本書を世に問い、新たな都市のヴィジョンが必要であることを広く示そうと考えた前提である。

「殖産興業」「文明開化」を旗印に国土を再編した明治時代、そして経済成長を目標に焦土からの復興を成し遂げた二〇世紀後半。日本の諸都市は、近現代と呼ばれる時間のなかで、少なくとも二度の大転換期を迎え、乗り越えてきた。そして今、都市という「文明の装置」は再編成を余儀なくされている。その行方は定かではないが、たとえば米山俊直は、「これからの都市のイメージ」を考えるうえでの問題として、以下の三点を挙げている（「都市のイメージ」『都市のたくらみ　都市の愉しみ』ＮＨＫブックス）。

第一は、多民族社会の到来が予測されることである。これからの日本の都市は、越境ないしは「ボーダーレス」になる。さまざまな文化を背負う民族が、都市で暮らすことになる。「日本人／非日本人」という二項対立の図式で、すべての都市問題に対応してきたこれまでの方法論は、まもなく無効となるという。

諸外国の都市を例示するまでもなく、飛鳥や藤原京・平安京など、わが国でも古代都市では当然であった、「多民族化」ないしは「多文化化」という状況に、新世紀の日本はようやく直面することになるわけだ。

第二には「環境問題」がある。人類が定住を始めた頃、最初に直面した難問が「死体処理をふくめたゴミ問題」であったという。以後、先人は、さまざまな局面で、環境問題に対応してきた。寺院・公園・広場・競技場・学校・倉庫・保健所・病院など、「ある意味で環境に対処する施設」が都市に建設され、それなりの対応がなされてきた。しかし現在、温暖化、異常気象、生態系への影響など、地球規模の観点から、より一層深化した問題への対応が要請されだしている。

第三には、定住を前提としない流動人口の増加をふまえた「感性社会の顕在化」という問題が指摘される。今後、人の動きはますます高まると予測されている。都心の夜間住民は減少したとしても、観光客やビジネス客など、短期間のみ滞在するビジターは都市に集中する。彼らが都市に求めるのは、静かで落ち着いた住環境ではない。感性を刺激してくれる「都市の演出性」であり、創造的なパフォーマンスである「個々の消費」を視覚化してくれる「界隈性」である。

米山のこの指摘を引き受ければ、転換期を突破した「二一世紀型の都市」の姿が、おぼろげながら見えてくるように思う。どうやらそれは、従来のように工業文明に基盤を持つ集住体、L・マンフォードのいう「非情なる産業都市」ではない。私たちは情報化・国際化・高齢化などの影響、産業構造の変化といった諸条件を考慮しつつ、これまでの都市の骨格と本質をいったん解きほぐし、新たな要素を混入して、都市そのものを再生させなければいけないのだ。

「都市論」を更新せよ

さて、「都市」という存在が転換期にあることが了解されるという前提に立つと、当然ながら、「都市に関する認識論」の中身も変わってしかるべきであるということになるのではないか。さらにいえば都市を語る「方法論」も変わるべきだろう。都市を論じる主体、視点の取り方、主体と対象との距離の取り方も、見直しがあってよい。

ここでは「都市論の系譜学」を詳細に論じている余裕はないが、次の一点を協調しておきたい。かつて、一九八〇年代の都市論ブームのさなか、都市を時間が織りなした「複雑なテクスト」と認識し、それを解読しようとする作業が支持を得ていたことがある。それに対して現在では「都市の論じ方」がそのものが多様化し、錯綜し、「論」の方が現実の都市よりも、はるかに複雑なテクストとなっているとみなすことができると思う。

たとえば問題解決型の都市論、構造主義あるいは記号論からのアプローチ、それを実験室と見る都市社会学、開発論のオルタナーティブである都市研究・史学・文化論の類、都市民俗学、地理に関わる諸学、景観論、都市工学の理論などが、互いに領域を侵食しつつも、共有されることのない「論」の再利用を繰り返している。

要するに私たちは「論」のバブルに、いかに対応するべきかを求められているのだ。一方で、文化史研究や文化論、広義のカルチュラル・スタディーズ、環境学や観光学といったフィールドから、あるいは哲学などからも、これまでにない「都市論」の芽が萌えつつある。バブル経済が破綻し、これまで国民が信じて疑わなかった諸制度、社会の諸関係が、ものの見事に崩れつつある今日だからこそ、より過激に、より柔軟に「都市論を更新せよ」というメッセージは、リアリティをもって耳に響くように思う。

都市の「にぎわい」を語る

本書における問題意識を、共有していただけただろうか。簡潔にいえば、時代の変化に対応した、従来とは異なった視点から「都市」を論じたいということである。しかし「論」の対象を、グローバリズムとローカリズムのはざまでゆらぐ都市文明そのものとするのは、筆者の技量の及ぶものではない。あまりにも大きな課題である。

そこで本書では制限を加えることにしたい。米山の指摘のうち、第三の「定住を前提としない流動人口の増加をふまえた感性社会」なるものの行く末に注目し、さまざまな角度からの分析を交錯させつつ「新しい都市像」を考えてみたいと思う。

鍵としたい言葉は、まず第一に「にぎわい」である。もちろんこれまでにも、都市の猥雑性、雑踏の魅力など、「にぎわい」の本質を考える作業はなされてきた。またいわゆる「第三空間論」や、諸学の盛り場研究など、「にぎわい」の構造を分析する著書も多い。

一方、マーケティングなどの分野では、いかにすれば都市に「にぎわい」を創り出せるのかを論じた先行研究は少なくない。あるいは先進事例を紹介しつつ、集客のノウハウを論じる類書も山のようにある。筆者自身も、これからの「集客施設」はいかにあるべきかという提案、あるいは新しい複合施設の基本設計などに各地で関与してきた。都市や地域の文脈をくみ取りつつ、新たな発想を盛り込み、仮設的な「場」のデザイニングがその本質だという持論を、現場にあって実践してきたつもりである。

しかしこの種の「論」は、ある意味で正解がないのではないか。いかに「にぎわい」を創るのか、いかに「集客」をはかるべきか、という設問には、百人が百通りの解答を用意できる。一般解を用意しえない問題なのだ。

「仕掛け」から都市を論じる

要するにこういうことだ。これまでの都市論では、ある特定の都市という枠組みのなかで、一要素としての「にぎわい」にこだわってきた。前提として住民の生活があり、それを守るために雇用が必然であり、その手段として観光や集客ビジネスの振興が必要だと語られがちであった。都市という「全体」があり、構成要素として「にぎわい」があったと言い換えることもできそうだ。

本書では、この種の前提と結論を反転させてみたいと考えている。つまり先に「にぎわい」とは何か、集客とは何かという本質を論じることから、逆にこれからの都市の可能性を照射したいと思うのだ。

「にぎわい」は、すべての都市が平等に持ちうる「結果」ではない。また「にぎわい」が生まれた場所が、すなわち「都市」と呼ばれてきたのではないのかという命題にも思い至るだろう。あるいは今後、予見される新しい「にぎわい」の創出が、「都市」という文明の産物を、本質的に書き換えてゆくこともありうるだろう。

「都市」という日本語は「都」と「市」に分割される。前者は「神殿」「宮殿」に象徴され、後者は文字通り「市《いち》」「マーケット」、そして「広場」に代表される。前者は価値を定め付与する場であり、後者は価値を交換し交流させる場である。都市の起源を語る二つの立場がここに示されている。

人によっては「神殿」を起源とする政治都市と、「市」に由来する商業都市を区分して把握しようとするだろう。あるいは、どちらかに優先順位を与える考えもあるだろう。しかし筆者は「都」と「市」は、決して対立するものではないと考える。少なくとも、ともに大勢の人を集める「場」であるという点において共通しているのではないか。いかなる起源を有しようとも、さまざまな「にぎわい」こそが、都市の本質である。

本書では、新たな「にぎわい」を用意することが可能なら、都市は新たな姿に転身することができるのではないかという問題提起をしたい。また、さらに一歩進めるならば、「にぎわい」を産み出す契機として、「装置」や「演出」など、いわば「仕掛け」といってよい文化的な技術が重要であると考えたい。

都市のデザイン手法も変わりつつある。都市全体のマスタープランを描くのではなく、小さくてもよいから従来にない「仕掛け」を随所にちりばめることで、これまでとは異なる都市を想像し、なおかつ創造することができるはずだ。そのような「仕掛け」から発想する「都市論」もあってよい。

♣目　次♠

装丁　高麗隆彦

第1章 ビジターの都市

1 都市は誰の所有物か

この章ではまず、都市の担い手は誰なのかという点に着目したい。第2章以降で示す「仕掛け」の前提として、本章では筆者なりの新しい都市像を示したいと思う。

さて、日本にあって示されてきた雑多な「都市論」のなかで、ゆるぎのなかった立脚点は、都市は住民のためにあるという確信ではなかっただろうか。たとえば「わが街」という言い方がある。日本語の文法のせいなのだろうが、「わが社」「わが家」と言うのと同様、誰もが何ら疑うことなく、自分の街をわがものであるかのように表現してきた。

自分の家の前の道が汚れていたら、わがテリトリーが汚されているかのように、文句を言う。わが家の近くに清掃工場が建てられるという計画を知ると、公共性は理解しつつも反対する。誰もが私的に所有している領域から語りだし、最終的には都市もまた、あたかも自分個人の所有物のように語る「物言い」が有効であった。

「わが街」を前提とする都市生活を否定するわけではないが、その時に抜け落ちている概念があることにも配慮があってよいのではないか。何よりもそれは、都市は「皆のものである」という認知である。住民だけではなく、働きに来ている人、さらには観光客や短期滞在者の視点を軽視することなく、むしろ従来以上に重くみて、都市を再編成することが考えられてよいのではないか。

この視点に立つことの意義は、都市の規模が巨大化するほど、よりはっきりとしてくる。たとえば東京や大阪などの場合、住民だけの意思で都市の動向を定めてよいはずはない。都市にある施設や装置は、より広域の人の利用に提供されている。いわば大都市は「ユーザー」のために開かれているのだ。さらにいえば、都会という「場」があることによって、自分たちは生かされている、元気で暮らしているのだという事実を、これまで以上に意識して共有してゆくべきだろう。

従来の「わが街」意識を持ちつつも、同時に地域や都市に「私」も領有されている、という前提に立ってみるべきなのだ。この種の概念の転換を通じて、個人と都市との関係性は相対化される。すると、これまでと違う「都市論」のありようが、さらには「都市デザイン論」が、生まれてくるのではないか。

なによりも都市を自分の所有物と思いこむ意識の根底には、土地や家屋敷に向けられた根深い所有意識がある。すなわち価値や財という諸々の経済的な概念から、都市と自分との関係性を語ろうとする思考が生まれる。現実は、ごく一部しか所有していないのに、誰もが都市全体のオーナーのように考えがちだ。

そうではなく、たとえば文化的な価値とか、質の違う価値の系から、都市と人との関係性を考え直してみたい。誰もが都市の構成員であるという前提に立ち戻ろう。そういう思考を通じて、人が都市に所属する、あるいは個々に所有するのではなく大勢が領有するという前提に立って、都市を論じることができるのではないか。

2　人口減少期の都市

このように考える背景には、日本が抱えこんだいくつかの課題がある。

その第一が人口問題である。一例を挙げておこう。先年、筆者も関与しつつ、京都市の将来構想を議論する機会があった。その過程で重要視されたのが、これからは都市における人口減少が進む、という前提であった。戦後の日本ではこれまで、人口増加を見込んだ将来構想ばかりを描き続けてきた。もちろん過疎化の著しい地域はいたるところにあった。ただ少なくとも大都市圏や地方の中心都市にあっては、人口は増加ないしは現状維持が当然であった。

しかし今後はそうではない。多くの都市で、ゆるやかな人口減少が近未来の現実として迫りつつある。高齢化・少子化がもたらす人口減を前提に、すべての考えを改めてゆかなければならない。大都市であっても、たとえ「人が減っても元気のいい街」という将来イメージを描く必要が生じた。

人口減少については、いろいろな予測があるが、主流は二〇一〇年から二〇一五年あたりに人口のピークを迎えて、そのあとは全国的に減少するという見方が強い。たとえば京都市の場合は、二一世紀前半にかけて、三割ほどの減少があるという。現在一四七万人ほどの市民が、二〇二五年には一二〇万人程度、さらに二一世紀の後半には八〇万人程度の都市になるという極論を示す考えもある。

人口が減り続ける都市における産業や暮らしは、いったいどう変わりうるのか。財政面をはじめ、直面する課題に行政はどう対応するのか。今のところ変化の動向が見えていない。確信できないがゆえに、明解なビジョンを示すことは難しい。しかし、だからこそ人が減ったとしても、「元気よく暮らして仕事もして、遊んで、幸せな町」の姿を、誰もが納得できる理屈をもって語る方途を私たちは手に入れなければならない。成長の神話と成功の経験だけでは、実効性を持ちうる指針を確立することが困難な状況になりつつある。

京都も例外ではなかった。終戦直後の京都の人口は九〇万人には達していなかった。まちなかに人が集まって暮らしていたコンパクトな「八〇万人規模の都市」であった。それを工業を基幹産業としつつ五〇年かかって一五〇万人規模の都市にまで拡張した。今度はこれから五〇年、あるいはそれ以上の時間をかけて、八〇万人規模の都市にまで縮小するというシナリオを組むことが要請されたわけだ。

ゆったりと終戦直後の規模に戻るから、ちょうどよいのではないかという意見もある。しかし根本的に異なるのは、居住エリアが終戦直後に比べ、かなり拡張しているという点だ。だから人口が減ると、疎《まば》らに人が住む分散型の「八〇万人都市」を想定せざるをえないのだ。

増加ないしは減少傾向に陥らない地域もあるだろうが、概してこの国では、さきにも述べたように、かなりの都市が、人が減るという条件をふまえた未来像を考えなければいけない状況に直面しているのである。しかし、人が減っていく時期にふさわしい都市のモデルはない。むろんこの島国に、これほどの人が住みついた経験は有史以来、未曾有のことである。ましてや、そういう状況から、国土全体から人が減るということなど体験したことはない。

では諸外国に先例はあるのだろうか。たとえばヨーロッパやアメリカの都市は、人口が減少に向かったとき、外国人などの移民を受け入れて活力とした。アメリカの場合は、プエルトリコをはじめ中南米の人たちを、かなりの割合で受け入れた。アジアなどからの永住者もあった。住民の減少分を、若い外国人を外から入れて補い、都市の活力としたのである。実際、南部諸州の都市のなかには、すでにスペイン語を主に話す人の割合が過半であるところもあると聞いたことがある。

また欧州でも外国人の労働力を多数受容した。たとえばドイツではトルコ系の人たちが目につく。しかし日本は、国策として欧米の施策に倣《なら》うことはないだろう。実際、海外からの単純労働の受け入れについては、厳しく制限をつけて調節をしてきている。何か別のモデル、別の方法論が必要となってくる。

3　ビジターが都市の活力となる

そこで本章の冒頭に述べたような認識に思い至る。都市は誰のものか。都市の担い手は誰か。私は都市の利用者に注目したい。都市は住民だけが専有するものではなく、ビジネス客や観光客など広い意味での来訪者《ビジター》が観光に訪れる場所でもある。彼らの活動がもたらす活力を重視する都市のありようというものを考えてみるべきではないか。

住民が減り、工場も市外に転出し、商店街も活気がなくなり、都市が空洞化する。このサイクルから脱するには、密度が下がった都市空間にビジターの活動を受け入れ、ひいては観光や広義のビジターズ・インダストリーの振興をはかることによって、都市を再生させるという考え方が有効になる。

ただ、これまで日本ではビジターもまた、街の担い手であるという意識は薄い。観光業しか産業のない温泉町などを除けば、ビジターに対する施策が都市行政のなかで占める位置は、あまりにも低かった。日本の都市は移動に関わる手段は整備してきたが、移動して来訪する主体のあつかいは十分ではなかったのだ。

もっとも実質的には、たとえば東京は、すでに滞在者を活力としているとみてよいのかもしれない。旅行者ではないが、学生や若者が青春の一時期、一人暮らしをしているケースが非常に多い。仕事を目的に単身で暮らしている人も多い。彼らを数年にわたって滞在している客だと思えば、東京のような大都市は、実は短期滞在者という住民で成り立っている町なのかもしれない。

そのあたりを、近年、各都市が意識しはじめている。都市の担い手として、市内に住居のある住民だけではなく、ビジターを見込む例がある。

大阪市を例示しておこう。以前、筆者も関与してとりまとめたある構想にあって、大阪市はあえて「観光」という言葉を使わず、ビジターという概念を示した。また関連する産業についても、従来のように観光産業といわずにビジターズ・インダストリーと呼ぶように改めた。それ以前、概していえば、大阪を「観光都市」であると理解している人は稀であった。天保山に建設された水族館・海遊館だけでも、開業当初は数百万を集めていたにもかかわらず、観光のさかんな都市という認識を広く得るには至らなかった。

そこで大阪では、ビジネス客や買い物を目的とする来街者をも含めたビジターの統計をとったわけだ。すると、おおよそ年間二億人のビジターが訪問しているという結果になった。大阪は観光客という狭い概念を捨てて、広義のビジターの統計を活かす方向に都市政策を改めようと判断したのだ。

たとえば京都市の年間観光客は、三七〇〇万人ほどといわれている。二〇〇一年度、はじめて四〇〇〇万人を超えた程度である。京都の統計は京都駅の乗降客数から、通学者と通勤客を除き、バスや私鉄に拠る入市者を計算した「来街者数」である。

対して大阪は、ビジターという概念を上位に据えた。要するに大阪市は、「観光都市」とは認知されていない点を逆手にとって、日本有数の「ビジター都市」だとみずからを定義した。

たかだか人口二七〇万人の住民だけで成り立っている都市ではない。またそれに加わる一五〇万人ほどの昼間人口、つまり郊外に居住し、通勤や通学で市内に出向く人たちだけの街でもない。年間二億人のビジター、すなわち一日に五〇万人の短期滞在者によっても支えられている集客都市だという把握の仕方ができるわけだ。

都市住民に占めるビジターの割合を、いかに重く捉え、施策に反映させてゆくのか。実際、大阪では「国際集客都市」という目標を設定し、第三セクター方式によるユニバーサルスタジオの建設やオリンピック招致という公的な事業の裏づけとしてきた。同様に来街者概念を、これまでよりも重視し、入市者の役割を読み替え都市戦略にとりこむ方策は、他都市にあっても検討されつつあるところだ。

都市の担い手の転換は、都市文化を論じる視点についても変容を促す。

二〇世紀末にあって、「都市」をめぐる「論」は、書き換えと再構築を余儀なくされた。高度な経済成長と人口の増加を前提に、都市が拡張し続け、かつ文化も無限に層を重ねてゆくという論理の組みあげ方が疑問とされた。いわゆるインナーシティ問題が顕在化し、また都心は人が住まう場所である意味を失いかけた。そこにあって既成市街地の機能や環境整備をいかに進め、リノベーションするのかが問われるようになった。

都市文化をめぐる「論」についても同様である。大量生産、大量消費を前提とした文化生産の仕組みの限界はおのずと明らかになった。何世代にも及んで、その場所に住まい続けている人が、都市文化の担い手であるという理解に、疑問をはさむ余地はない。しかしそれだけでは、支えることは困難となった。空洞を埋める必要がある。

そこにあって従来とは異なる文化の担い手を受け入れ、活躍の場所を提供することが要請される。また、これまで放置され、あるいは忘れ去られてしまった価値観のなかに、新しい可能性を探ることも重要となりつつある。

ではいったい、どこに新しい都市文化の担い手が生まれる可能性があるのか。まず第一に私たちは、コミュニケーションのありようを考えるべきだろう。その前提として、たとえば生活時間の変質を想定することができるだろう。昼夜を問わず、同じようなアクティビティーを維持する「二四時間都市」が出現しつつある。深夜にも人や貨物を輸送する航空機が空港の整備や深夜バスの運行によって、夜間にあっても、さまざまな場所への人の移動が可能となる。また現代ではコンビニエンスストアなど、夜の生活を補う施設が充実している。深夜まで、盛り場や住宅地に多くの人が徘徊している状況が想起される。

他方で、高度情報化社会がもたらす「国際化」「二四時間化」も考察の与件となる。たとえば金融に関しては、すでに「二四時間」を単位として世界が動いている。さらにはインターネットの普及によって、誰もが情報機器を媒介に世界と直接、かつリアルタイムにつながりつつある。コンピューター技術によって制御された「仮想の都市」では、二四時間の一秒一秒が、まったく等価となる。また空間や距離がもたらす差異も少なくなる。また外国人労働者の流入を考慮する多文化主義、大都市問題に関する諸国間のタイム・ラグの消滅も配慮すべき問題となる。

4　ビジターがもたらす文化

コミュニケーション文明の進化を射程に入れつつ、新たに生まれるであろう人と人との交流のなかから、新しい文化の担い手が生まれるのだと、私たちは考えるべきではないか。たとえば趣味やボランティア活動でつながったテーマ・コミュニティ、ないしはクラブ型のコミュニティなど、すでにその芽は顕在化しているのだ。

都市は、そこに住む人、訪れる人、思いを寄せる人など、ありとあらゆる人々の共同作品である。もちろん、いま生きている人々だけの所有物ではない。都市は、人類が誕生してこのかたの歴史の記憶を内在させるとともに、未来にそこで生きるであろう人々の生活の場となる空間でもある。都市文化を住民の掌から奪い取り、広く解き放つことが求められているのではないか。

従来、地域固有の文化とは、伝統文化、芸術、ファッションなど、ある体系をもって認識されてきた。しかし時代の転換期を迎え、文化の範囲は一段と広がり、人々のライフスタイル、価値観、思考、感受性までも含む概念として認識されるようになっている。

また、他から一切の情報を受け付けない地域社会は存在し得なくなっている。日本の文化も、世界のさまざまな価値観との衝突、融合を余儀なくされる。地域間、国際間の民族文化や芸術文化、生活文化などの相互交流と融合を通じて、多文化主義を提唱すべき段階にあるのではないか。ここにあって、住民から考えるのでなく、外からくるビジターの役割は明らかだ。すなわちビジターを都市文化の担い手に含めることで、これまでとは異なる都市の姿が見えてくる。

たとえば角野幸博は、多くの人が移動する「ハイ・モビリティ社会」の到来を自明のものとして、「都心再生の課題」に下記の五点があると強調する（財団法人阪神・淡路大震災記念協会『国際セミナー　近代文明の新次元』一九九九年）。

第一には「居住者、訪問者という二項対立の無効」をいう。これまでは、そこに住むもの、仕事で来るもの、あるいは大学で四年間を過ごすものなどを、それぞれ区別して主体として認知してきた。しかし今後は、地域への関心が薄い人もそれなりの責任を負い、かつ権利を行使するようになるべきだと強調する。

第二には「流動性の保障」を説く。ハイ・モビリティ社会では、転居や職場の変更が容易に、かつコストをかけずになされなければならない。見えない制約や、移動に関わる対価をできるだけ軽減することが必要となる。

第三には「快適性と個性」を強調する。衛生的であるということ、そして安全であることは、世界中、地域と場所を問わず確保されるべき快適性である。一方で、その地域にしかない資源、個性を積極的にアピールするような方策、ないしは地域ごとの魅力を探す仕組みがなくてはならない。

第四には「価値の減少しない空間の質」があるという。近代化の過程で日本人は、新しいものが最も良くて、古くなるにつれて価値が減少するという考えを支持してきた。たとえば減価償却というシステムに、その思想が端的に反映しているとみてよいだろう。そうではなく、時間の経過にかかわらず価値が減少しない、むしろ増加するようなものを考えてゆかなければいけないと強調する。

第五には「空地空室の有効活用」をうたう。今後、いっそう人口が減り、密度が下がる都心にあって、隙間を埋める新しい用途の創造が不可欠だという主張である。仮の利用でもよいから、暫定的に利用することが望ましいと考えている。

また、同報告書において角野は、居住ではなく滞在・訪問する対象であり、流動性が確保されたこれからの都市を、「ホテル」のメタファーとして考えている。そこにあって人々は、多くの情報と多くの選択肢のなかから、自身の生活行動を選ぶことができる。どこに住まうかも選択ができる。そして必要なサービスに対する対価を、家賃や地代、そして税というかたちで支払うと認識することになると述べる。

考えてもみれば、ありとあらゆるサービスを二四時間対応することを前提とし、衛生的で安全を確保するシティホテルなどは、もっともコンパクトな「都市」と見なすことができるだろう。そのありようを思うとき、まさに新しい都市文化の消費者が、都市の滞在者であることを確認することが可能だ。

また今後の都市文化を検討する時、「旅」「移動」というアクティビティーが、文化の産業化に果たした影響にも想いを寄せることも必要だ。旅とは文明が生み出したある種の普遍的な人の行動である。昔は海外旅行は一般的ではなかったが、順次、誰もが簡単にできるようになった。

先鞭を切ったのは産業革命を先導したイギリスである。大英帝国の成立を背景に、クックが世界ではじめての旅行会社を作った。安い料金で安全に、各地の植民地を見てまわることができる仕組みを用意し、エジプトやアメリカ大陸にまで、労働者階級までもが団体で旅をするようになった。「パッケージ旅行」という形式で、旅を産業化させたわけだ。

その後、旅行産業を飛躍的に育てたのがアメリカである。そこにおいては文化の変容がともなった。たとえばハワイというのは、アメリカ人が想い描いた南の島のイメージをそのままかたちにすることで成立した観光地である。腰蓑を付けた半裸の女性が腰を振るフラダンスは、「伝統」を意識させつつも、実際は観光客用に造った新しい踊りであったという。

アメリカ人の理想郷を産業化するなかで、地元の文化、本来あった文化がいったん解体される。そして観光客が喜びそうなかたちに、接ぎはぎされ、練り合わされて、違うかたちの観光文化が捏造《ねつぞう》された。それが世代を重ねていくあいだに、新たに観光客用に造った文物も含めて、現代のハワイの文化に収斂していったのだ。

この経過はハワイだけの特殊事情ではない。好奇心をもって旅に出た大衆が、自分たちとは違う文化や風景に触れたい、と思うのは当然だ。ビジターたちのまなざしによって伝統が対象化され、文化が産業化される過程で、地域固有の文物はいったん叩き壊される。しかしその遺伝子はなんとなく残され、組み替え、違うかたちに再生されていくわけだ。

外からの来訪者が地域の文化を変質させてしまう例は、これまでも歴史の転機にあって、各地において散見できる歴史的事実である。果たして人口の激減期を迎えつつある日本の諸都市は、ビジターの影響でいかに変わるのか。

そこで想起するのは、明治維新と呼ばれた革命の時代である。新政府が政権を奪取した当初、東京でも、大阪でも京都でも人口が、一度は激減した。かつ、前の時代の文化や経験は、すべて否定された。しかし同時期に外から入ってきた人たちの影響で、都市の再編が達成された。先に住んでいた人よりも、外からきた層が影響力を持って、街のありようを切り替えていったのだ。

ビジターが都市のありようを激変させ、そして文化すらも変えてしまうという現象は、戦後復興期にあっても見受けられただろう。そしておそらく今日も同じ位相にある。それは現在が、明治維新、敗戦に続く、都市が更新する時期にあるという事実にほかならない。

5 観光革命とツーリスト・シティ

ビジターが都市文化の新しい担い手となるということは、多文化主義を受け入れるという確信にほかならない。この種の論を展開するとき、看過できないのが、二〇一〇年代後半にアジアから観光革命がはじまるという、国立民族学博物館教授・石森秀三（観光文明論）の指摘である。経済成長が続けばという前提のもと、中国から年間数億人、少なくとも一億人が海外旅行をする可能性があるというのだ。

モデルは戦後復興期の日本である。近年、海外に渡航する日本人の総数は、年間一六〇〇万人から一七〇〇万人に及んでいる。海外渡航が自由になって以来、おおよそ三〇年間で渡航者は五〇倍以上、ついには人口の一割以上が海外に出るようになった。同じ経過を台湾や韓国がたどりつつあるのは周知の事実である。そのあとに、アジア諸国、とりわけ中国が続くのだという予測がある。これを石森は観光革命とみなしている。

大量に増加するであろう海外への渡航者を、アジア各国に点在する観光地、ひいては都市が奪い合うような状況が考えられる。かつては戦争による他民族の統治が、文化の混合をうながし、普遍的な文明をもたらした。これからは平時にも、観光に代表される国境を越えた人の移動が、高度情報化とあいまって、都市を舞台に文化の混合を進めていくのではないか。

ただ日本という国が、海外からのビジターに開かれているとは必ずしもいえない。たとえば少し前のデータになるが、世界観光機関がまとめた一九九七年度版の『国際観光概観』では、わが国は外国人を四二二万人しか受け入れていない。観光に関しては一二〇〇万人もの輸出超過である。

同年の統計では、世界的に「観光大国」といわれている国々、たとえばフランスなどは年間六七〇〇万人の外国人を受け入れている。アメリカ（四九〇〇万人）、スペイン（四三〇〇万人）、イタリア（三四〇〇万人）、イギリス（二六〇〇万人）、中国（二三〇〇万人）と各国が続く。

明らかなのは、各国の人口とビジターとの割合である。日本をあてはめるとすると年間一億人くらいの海外旅行客を受け入れて、ようやくイタリアやスペイン並みの状況になる。欧米各国は、外国人観光客に自分たちの国土、都市を開放している、ということがわかる。

現状では、なんといっても東京ディズニーランドが、アジアの人々の主たる来訪目的地になっている。そのほかの日本の諸都市も、国内国外を含め、多様なビジターを戦略的に受け入れる方策を想定していくことが必要となるだろう。

現象としてすでに顕在化しているのは、コンベンションの都市間競争だろう。国際会議の件数などを見ても、東京は別格としても、京都や神戸の優越性はなくなりつつある。そして、国際会議場を建設した大阪が、関西では優位に立ちつつある。それ以外の地域、たとえば北九州や福岡、静岡などでも、近年、立派な施設を完成させてきた。

国内だけではない。いまや、東アジア圏における一大競争の時代に突入していると見たほうがよいだろう。たとえば大連はアジアでは有数の、ファッションショーのメッカとして高名である。広州も国際コンベンションが多く開かれている。香港やシンガポールも、コンベンション都市を目指して力を入れている。東アジアの各地に、個性的なコンベンション都市が乱立しつつあるのが現状だ。

重ねて述べてきたように、人口減少を前提として、都市の未来を語る際には、新たな担い手を想定するべきである。もちろん大幅に人口が減っても、「都市」は違うかたちで成立するという意見もあろう。またやがて人口が増加に転じるかもしれないとみる、根拠のない楽観的シナリオもあるだろう。

しかし、国策としてすでに示されている方向性は、住民に加えて、各都市が新たな担い手である「交流人口」を呼びこむことを重要とする立場である。そのためには、高速道路網や鉄道網といった都市基盤を現況以上に整えた「ハイ・モビリティー社会」を確立すること、また転居や職場の変更、同時に居住地や住宅の選択と変更とを容易に、かつコストをかけずにできるような「流動性の保障」が前提となる。

もっとも、より短期にあっては、広域から人を集める都市を地域に育て、同種の都市の「群落」を目指すことを想定するべきではないか。そのためには居住者と訪問者という二項対立を、まず無効にする必要がある。また従来の地域間交流概念をも相対化するべきであろう。その都市に住む者、仕事を目的とした来訪者、観光客、あるいは大学で四年間を過ごす人などを、区別しつつも総体として、都市でのアクティビティーをなす主体として認知してみたい。

その種の都市を「ツーリスト・シティ」と呼んでおきたい。その内訳にはラスベガスやオーランドといった各種のエンターテインメントを主体とする集客都市、あるいはサンアントニオなどのコンベンション都市、ニューヨークやパリ、ロンドンなど各種の文化の中心として認知されている世界都市などがある。アジアで言えば香港やシンガポールが典型であろう。また先

ラスベガスのテーマホテル「ニューヨーク・ニューヨーク」

端産業を創出する学術研究都市、単身赴任者や大学生の多い都市も、短期滞在者を重要な担い手とする「ツーリスト・シティ」の一種とみてよい。

アメリカに限るならば、近年、人口増を果たしているのは、さきに記したラスベガスやオーランドなどである。広義のビジター産業が発展し雇用が生まれ、かつ税制などの優遇策から社会的人口増もある。観光客を多く受け入れているがゆえに治安も環境も良い。短期滞在者を受け入れている都市が、実は多くの住民にとっても住みやすい条件を有しているのだ。

くり返して述べておこう。都市は住民だけのものではなく、広い意味での来訪者、すなわちビジターのものでもある。住民が減り、工場も外部へ出ていってしまって、都市が空洞化する。そういう隙間、密度が下がった都市空間にビジターの活動を受け入れること、観光や広義のビジターズ・インダストリーの振興によって都市が再生するという考え方が有効になる。私たちは、ビジターの存在を前提とした都市のデザイニング手法を、変革期における都市が生き残る選択肢のひとつとして考えるべきであろう。

6　ツーリスト・シティの成立条件

ではいかなる条件を整えれば、既往の都市もツーリスト・シティという側面を有するようになるのか。以下に考えるところを箇条書きにしておきたい。

(1) 集客のための戦略性

まず肝要なのは、ツーリスト・シティとしての総合的な戦略を整えることである。このとき重要なのは産業政策である。なによりも狭義の観光産業にとどめることなく、広義の集客産業を基幹産業のひとつと位置づけ、その戦略的な振興をはかる必要がある。

集客に関わる公的な施策は、文化交流事業、産業振興、社会教育(スポーツイベントや学術イベント)、基盤整備など横断的なものとならざるを得ない。また、事業を実施する主体は、民間や半官半民のエージェント等が請け負うことが多いだろう。

そこにあって全体を見通し、分立しがちな各セクターを横断的に貫き、都市にふさわしい戦略を構築し政策を立案する機関を設けることが望まれる。また諸機関を調整するだけではなく、イベントや事業を実施する権限と経験、そして財源を有する機関に育てるという発想も重要である。

(2) 新たな集客魅力の創造

ツーリスト・シティの戦略にあって重要なのは、これまでにない新しい都市の魅力を創り出すことであることは言うまでもない。ここで重視すべき点は、単に新しいコンベンション施設やスタジアム、劇場やテーマパークを設ければよいというものではないということだ。なによりもそこで生産される文化的所産、つまりはソフトが付随するものでないと有効ではない。

また魅力あるツーリスト・シティをかたちづくるうえで、まず当面、対象となると考えるのが「空洞化した都心」である。ただ確認しておきたいのは、必要なのは単なる都心人口の増加策や既存の商店街振興などに限った、軟弱な「再生策」ではないということである。実験的な試みを含めて、従前とは異なる都心の建設、いわば「転生策」こそが望まれる。

競争と評価の「機会」、晴れやかな自己実現の「場」を多数用意している都市こそが、来る世紀にあって多くの担い手を集める。またバーチャルな世界では享受できない種の刺激と予想外の他者とのコミュニケーション、価値を産みだす新産業の拠点も不可欠なものと考えられる。

そのためには、変化を促す契機となる文化的拠点がなくてはならない。たとえば文理融合型の戦略的な研究施設や、広義における劇場型商業空間やミュージアム群の導入、外国人を含む短期滞在者が活躍する施設群などの集積が検討されるべきである。

サンアントニオやニューヨークなどの例を示すまでもなく、集客都市としての成功を遂げた諸都市にあっては治安を高め、誰もが安心して楽しめる魅力ある都心を構築した。また住民と滞在者が交流することで派生するにぎわい、新たな実際行動が、新たな都市文化を産みだす源泉となり、文化に関わる諸産業を創業することにつながった。都心を物的消費とビジネスの場と認知するのではなく、価値生産の場として強く意識し交流に関わる基盤を確保することが、これからのアーバンデザインにあっては戦略的に想定されてよい。

(3) 都市基盤の質的転換

従来、観光や交流とは無関係であると想定されがちであった諸機関、諸施策を、すべて集客やツーリズムの観点から読みかえることが必然となる。道路や鉄道、上下水道といった都市基盤、公園や教育機関、文化施設等にいたるまで、住民のための施設とサービスであるという枠組みをいったんはずして、ビジターの利用に提供するものという視点から、すべての質を見直すことがあってよい。

(4) 競争原理の導入とシティセールス

集客に関しては、今後、国内における都市間競争が想定される。新たなビジターを都市に呼びこむためには、シティセールスとエリア・マーケティングの考え方を導入することが必要だろう。

ひとつには、いかなる領域にあって、都市の特徴を売り出すのかという点に関する戦略性で

ユニバーサル・スタジオ・ジャパン

ある。たとえばアメリカでは、ニューヨークに代表されるように、フィルムコミッションを設立、脚本家や監督に町をロケ地にするように市が映画会社に売り込んでいる例がある。国内でもハリウッド映画を主題とするテーマパーク「ユニバーサル・スタジオ・ジャパン」の開業をとげた大阪のほか、北九州、京都、東京などが同種の事業に意欲的である。

また特定のエリアに、都市の魅力を伝達する術も必要である。シンガポールなどは、対アジアと対ヨーロッパとで異なる都市像を伝達することで、多くの集客に成功している。日本や韓国などの極東に対しては、南の楽園や買い物のメッカというイメージを発信している。対して西欧には、東の果てのエキゾチックな植民都市という自画像を伝えている。

(5) 財源の確保

都市をツーリスト・シティとして、戦略的に改めるためには、適切な財源が不可欠である。たとえばベッドタックスや入市税の類など、使途を限る地方税制の導入を射程に入れることがあってよい。筆者がヒアリングをしたアメリカのいくつかの都市の例では、ベッドタックスのうち一定の割合がコンベンション・アンド・ツーリスト・ビューローの財源、さらには文化施策の財源として確保されていた。日本の集客都市にあっても、使途を限る税を市民の合意を得ながら採用していく道があってよい。

7　文化の混合が新都市を産む

「文化」と「文明」は、さまざまに定義されている。ある高名な歴史家は、「人と人との関係性」こそが「文化の本質」であって、芸能や芸術、文学や映像などは「そこから滴り落ちたもの」にすぎないとみる。だからこそ「文化」は地域と切り離すことができず、固有性によってのみ説明することができるものなのだ。

一方「文明」は、異なる「文化」がせめぎあい、混じりあった産物であるという。たとえば西洋や中国では、長い年月にわたって、異民族同士が殺し合い、たがいに統治し合った経験がある。その際、双方の固有性を尊重し合いながらも、理解し合える妥協点を模索した。こういった類の混淆《こんこう》が、多数の民族や多数の文化を超越した、普遍的な価値をもたらすということになる。

このように考えるならば、大都市は、異文化を混合し、文明を誕生させる「器」と呼ぶにふさわしい。さまざまな文化を担い、雑多な価値を持った人が各地から集まり、たがいの文化を容認しながら、ともに暮らしているのだ。一見したところ、経済や文化の中心と思える巨大都市ほど、実は「辺境」なのだという逆説が浮かびあがる。交通網の中核にあるということは、地理的には地域の中心であっても、最も他の地域に近いということになる。文化に関しても、情報の産地は同時に異文化に関わる情報の窓であり、最大の受け皿になる。

住民とビジター、双方のアクティビティを受け入れるツーリスト・シティにあっては、内なる地域間交流をはかりつつ、絶えずみずからの文化的アイデンティティを確認し、更新し、常時、プレゼンテーションをなしてゆくことが要請されるのだ。

第2章　テーマパーク化する環境

1　都市の物語性

手元に一冊の本がある。

「THE THEMING OF AMERICA」というタイトル。副題に「DREAMS, VISIONS, AND COMMERCIAL SPACES」とある。著者はマーク・ゴッディナー、ニューヨーク州立大学のバッファロー校で教鞭をとる社会学者だ。

著者はまず原始の居住環境、アフリカの集落の構成から現代の都市にいたるまで、射程を広くとりながら「テーマ化された環境」の系譜について論じる。その上で巨大なショッピング・モールやラスベガスのホテル群を例に取りあげ、近年、アメリカにおける日常的な環境デザインの中に、いかに「テーマパーク的な手法」が多く採用されるようになったかを論じている。

同書がおもしろいのは、よくあるテーマパークの経営論ではなく、「文化論」に立脚した分析である点だ。ディズニーランドを偉大なる手本として、ある時期からアメリカの商業施設では、特定テーマを設定する環境造型が主流となった。通例は「大西部」「南海の楽園」「古代文明」「アラビア風」「古きよき一九二〇年代へのノスタルジア」等、誰もが了解できるわかりやすいモチーフが採択されることが多い。しかし差異化が進むなかで、再表現が困難であるような物語をも表現してしまう傾向が出てくるという。

同時にこの種の「テーマ化された環境」の存在そのものが、従来なかったような象徴的な意味を、日常の生活に多少なりとも加えている。結果、今日のアメリカの文化は、何らかの神話を常に創造し、あるいは再創造しているのだと見ている。

2　テーマパーク化の系譜

「テーマパーク的な環境演出」を、ビジネスやマーケティングの課題にとどまらず、「文化の問題」として検討する論点の設定が、おもしろい。それ以上に、問題の設定のありようがアメリカ的であると思う。二〇世紀のアメリカが生んだ建築様式を代表するものとして、摩天楼、ガソリンスタンドやファストフードの店舗などとならんで、街並みなどを復元する歴史系博物館を挙げることができるという指摘を読んだことがある。

もちろん先住の人々はいたわけだが、合衆国そのものの歴史は、さほど長くはない。各国から移り住んだ人々が、みずからのルーツを確認するために、ある種の主題をもった環境が必要であった。そのひとつの形態が歴史系博物館であり、またディズニーランドに代表されるテーマパークとして発展したと考えられるのではないか。だとすれば、その種の環境演出はまさに「経済」だけの話で語られるものではなく、「文化」の所産にほかならない。「文化経済」の領域であるといってよいのかもしれない。

もっとも、さきに紹介した本で指摘されている現象は、アメリカに限るものではない。ディズニーランドに由来する方法論は、普遍性を持って、広く世界に拡散した。もちろん日本も例外ではない。しかし少なくともこの国では、「文化」という文脈のなかで、その受容を論じた分析は少ない。

しばしば指摘されることだが、物語性を付与した環境造型を試みる傾向は、この国において も新しいものではない。平城京や平安京は、中国の天子の理想とする都を再現したものだ。いにしえの貴族たちが営んだ別荘や寺院、たとえば平等院や法勝寺は、当時、信じられていた極楽浄土をこの世に出現させたものである。

日本庭園には、「みたて」あるいは「うつし」という手法がある。広大な海浜の風景を州浜に集約して見せたり、中国の奇景を石組みで再現したりする演出だ。富士山や天の橋立等、各地の名勝風景のミニチュアをつくることもある。江戸の大名庭園には、原寸大で宿場町の風景をつくり、参勤交代の旅を練習する舞台装置とした例もあったようだ。

都市のレベルでも同様の発想を多数みることができる。各地に遺《のこ》る小京都などは、まさに「千年の都」の空間構成をコピーした成果である。明治時代、東京都心に建設された石造りの洋館からなるオフィス街は「一丁倫敦《ロンドン》」などと呼ばれた。商業空間でいえば、地方に出現した「○○銀座」の類も、帝都東京最大の盛り場を手本としたものである。

近代になっても、異文化を主題とする公園や遊園地の類が建設された。その典型が、明治末年、大阪市街地の南に建設された「新世界」である。博覧会跡地を再開発して建設されたこの歓楽街は、北半分を「パリ」を主題とする商業街区、南半分は「ニューヨーク」を手本とした興行街として構想された。園内には、異国や過去への旅行を擬似体験できるシミュレーターが多く装置されており、すでに今日に通じるテーマパーク的なアイデアが随所に盛りこまれている。

明治末・大阪の“新”名所、「新世界」

ただ新世界において展開されたテーマ性をもって空間を造型するというその方法論は、欧米の万博会場に出現した遊興地区や、アメリカのリゾート都市であるコニーアイランドなどの先例にならったものだ。テーマ化された環境を実現した他の都市の風景を、さらに新しい街の主題としたわけである。「テーマ化」を乗じているわけである。

3　ディズニーランダイゼーション

もっとも、この種の先例、とりわけ近代のケースにおいては、明らかに欠けている要素があった。それはいわば「物語性の強度」である。はじめは異文化の複写のように思えても、日が経つにつれて、違和感は消え去り、「日常性」のなかに溶解してゆく。街や施設のユーザーによって、主題はあっという間に消費されてしまう。大阪の新世界地区の事例でも、開業して一〇年ほどで、当初のコンセプトは揺らぎ出した。洋風の珍しい景観も、わずかな歳月のあいだに見慣れた風景となる。既存の街になじんでゆくのだ。

対照的に現代のテーマパークでは、その物語性を、まったく崩すことはない。むしろ歳月がたつほど、主題を強固にすることで、その存在意義を強調しているように思える。

その典型が東京ディズニーランドである。誕生したのが昭和五十八年。当時の新聞などでは

「漫画映画を素材にした子供だましの遊園地に大人が大金を払うはずがない」など、悲観的な予測が並んでいた。地価の高騰で、元を取るのが関の山だというらがった見方も多かった。

しかし経営の専門家の意見は見事にはずれた。現在にいたるまで、日本中、アジア中からの集客を継続している。二〇〇一年には隣地に東京ディズニーシーをオープン、ホテル街や駅周辺の商業施設群も含めて、東京ディズニーリゾートと総称している。特に注目されたのが、これらの施設が単なる遊園地ではなく、大規模商業施設でもという点だ。来客は遊戯やショーを楽しむのに加えて、キャラクター商品を大量に買い込んで帰宅する。ごくありふれた品物、衣料やお菓子の類に、ミッキーマウスやドナルドダックの顔がプリントされるだけで付加価値が付く。高値で売れる。

たくみに計画されたこれらのテーマパークは、「環境」に徹底的に「物語性」を付与することで商品やサービスを情報に変換し、潜在する需要を喚起した。その成功が、日本全土に「テーマ化した環境」を増殖させることになる。

集客によって活性化をはかりたい地方自治体は、規模の小さなテーマパークを誘致、ないしは第三セクターで自主的に建設し、事業を展開した。また博覧会という仮設の都市空間も、近年ではディズニーランドの影響のもと、明るく平和な「期間限定の安物のテーマパーク」風に造作するケースがあった。

ハウステンボス

一方、日本独自の展開を示そうとしたのが、長崎のハウステンボスである。テーマパークという事業手法を採用したある種の都市づくりが意図された。テーマパークを、ある種の「擬態」とする都市である。本国以上にオランダ風のこのエリアを、「テーマパークのある都市」ではなく「テーマパーク都市」と呼ぶにふさわしいとする指摘もあった。適切な形容だと思う。

「テーマパーク都市」とは、明快なテーマと理想を掲げ、ややおおげさに言えば、新しい文化と文明の創出をめざす心意気を持ち、都市景観やそこでの人々の生活、商品やサービス等、ありとあらゆる局面に貫くことで、多数の人々を引きつけ、繁栄する都市を意味する。

もっとも現在のハウステンボスが、当初の理念を十分に保てているか、判断は微妙だ。対して東京ディズニーリゾートは、確かにゆるがない主題を展開させた、ひとつの新都市とみることができるだろう。「テーマパーク都市」は、近代化を終えて成熟の局面に入りつつある日本にあって、ひとつの理想都市のモデルを示すところかもしれない。

4　文化技術としての「物語化」

ここに至って、先に示した問題に立ち返ろう。アメリカ人たちは、「テーマ化された環境」、すなわちある種の物語性を持ってかたちづくられた生活環境を、みずからの産み出した「文化」と自認し、日常化するなかで、神話の拡大再生産をうながすビジネスを展開している。

それに対して日本ではどうか。すでに日本においても、公共施設や商業施設では、ある程度、テーマ性を考慮することが通例となっている。今後もアメリカ流の主題をもったショッピングモール、テーマレストランやテーマホテルが増えてゆくことだろう。

しかし、どうひいき目に見ても、その種の環境造型の言語を、いまだみずからのものとしているとは言いがたい。アメリカ流の価値観と消費生活を善とみなし、砂漠やジャングルの中まで彼の国の文化を送り届けようという彼の国の文化戦略に、まるで対抗する術はなさそうだ。

実際、現実の都市空間にあっても、とりわけ公共の建造物や環境整備にあって「テーマ化された環境」が随所に採用されるようになった。ただそのひとつひとつを点検する時、デザイン面等のレベルを懸念する意見がある。建築史家・中川理は、「物語性」が付与された可愛らしい公衆トイレや歩道橋、電話ボックス等を「ディズニーランダイゼーション」の産物として一喝、デザイナーたちに反省をうながしている。

日本で散見される「テーマ化された環境」のほとんどは、その方法論において、明らかにアメリカに範をとったものである。異国・フィクションの類・歴史などをテーマにしようという発想そのもの、あるいは環境造型や運営面に至るまで、すべてがアメリカナイズされている。もちろんこの国の法規と、人々のライフスタイルに応じて調整がなされてはいるが、基本的には、合衆国という「文化の帝国」が産み出す物語を複写《コピー》しているだけの場合が多い。

それはそれでよいという意見もあるだろう。「テーマ化された環境」の造型にあって、新しい地平を拓くまでもなく、おそらくは今後も新大陸から世界標準の普遍的な夢物語はいくらでも送られてくる。それを模倣、ないしは再創造し熟成させるだけで十分だという考え方もあるはずだ。

しかし、これほどまでに「テーマ化された環境」が普遍化した今日、その種の「文化技術」を「日本固有の文化」の文脈に読みとるという作業があってよいのではないか。人々の日常生

フロリダ州オーランドのテーマパーク「ダウンタウン・ディズニー」

活にあって、いかにアメリカ流の「文化技術」を日本化して解釈し、独自の技法として昇華させているのか、という分析があってしかるべきだ。

5　テーマパーク化する都市

「テーマ化」、つまり物語性を重視する自己演出によって、都市がいかに変容しうるのだろうか。ここではアメリカにおける、いくつかの先例を紹介しておこう。まずテーマパークに代表する集客産業を、基幹の産業とする都市の事例として、入場数では全米のトップ五に入るテーマパーク群を独占するオーランドの場合を紹介しておきたい。

少しデータが古いが、オーランド・オレン

ジ郡コンベンション・ビジターズ・ビューローの公表した一九九五年度分の資料によると、オーランドの年間訪問者は三六四〇万人、二〇〇〇年には四六〇〇万人に増加することが見込まれていた。人口が一四〇万人ほどの都市に、その二六倍もの人が押し掛けているという計算である。

テーマパークだけではなく、集客施設の魅力を訴求の題材として、大規模な会議・見本市の誘致もさかんである。九〇年度には、年間九五〇〇件ほどであったイベントが、数年の間に一万八〇〇〇件ほどに増加している。参加者も年間二七〇〇万人あまりと倍増している。その経済効果は三〇〇〇億円を超えるという。

都市の新しい基盤となる集客施設の建設や運営費用の一部、新しいコンベンションの誘致事業などには、リゾート税をあてる仕組みができあがっている。九〇年度には四四億四〇〇〇万円だった税収は、八〇億円規模に増加している。雇用成長率の予測は、ラスベガスやサンディエゴを押さえて全米で第一位となっている。まったく新しい都市のありようを示すところだ。

他方、都市の一部を「テーマ化」した例として、筆者が以前訪問した経験のあるテキサス州サンアントニオを紹介しておこう。そもそもこの街は、アラモの砦で知られる歴史都市であった。一九六〇年代後半、名所旧跡に頼る在来型の観光地ではなく、コンベンションを重視した滞在型の都市型観光へとシフトすることになる。

契機となったのが、六八年に開催された国際博覧会であった。アメリカ大陸を主題としたイベント会場の跡地には、シンボルタワーをそのまま残し、隣接地に当時としては合衆国最大規模のコンベンションセンターを建設した。そして、それにあわせて長い間放置されていたダウンタウンの水路網を再整備、両岸を心地よい遊歩道とした。

やがて河畔にはホテルやレストラン、野外シアターなどが立地するようになる。水辺で休息する人、飲食している人と、遊覧船で観光を楽しんでいる人が互いに交流している風景を都心のいたるところで見ることができる。

コンベンション都市として知られるようになってからも、施設整備は継続される。ダウンタウンにあっては大規模なホテルの誘致、ショッピングモールの新設があいつぐ。さらに八八年にはシーワールド、九二年にはテキサスをテーマとするテーマパークが近郊に開業、九三年にはスポーツイベントのメッカであるアラモドームがオープンしている。そのほかにも小規模なミュージアム群や、映画館など歴史的建築を活用したシアター、そして伝統的な集落を模倣する物産・飲食店街、さらにはテーマレストラン群などが官民のパートナーシップのもと整えられていく。三〇年間にわたって間断なく、新規の集客施設が増設されてきた。

サンアントニオで注目すべき点は、ホテルやレストランが集まるダウンタウンの一画をビジターのために治安を確保し、安全を売りものとして開発を重ねてきた点だ。パトロールカーや

水路をうまく利用したサンアントニオのショッピングモール

リバーウォーク（サンアントニオ）

自転車に乗った警官が、いたるところで目につく。とりわけレストランやホテルの集まるエリアは、しばしば警官が巡回、深夜、女性が一人で歩いていても安全である。壁で囲まれてはいないが、リバーウォークを中心に、あたかもテーマパークのようなにぎわいのある空間を造りあげている。テーマパークの開発手法を、現実のまちづくりに応用しているといっても良い。

九五年度の来訪者受け入れ状況を見ると、年間七〇〇万人ほどの来訪者のうち、八六％が滞在型の観光である。三人ほどのツアーで三泊以上滞在するのが、平均的なビジターの姿である。また当時のあるレポートを見ると、サンアントニオを訪れた来訪者のうち、八七％の割合で「平均以上、ないしは特に素晴らしい滞在地」と答えている。また九九％が再訪を望んでいるという結果がある。

6　都市文化の再生産

同じような展開を遂げつつある都市は、アメリカにはいくつもある。商業・集客産業に特化、テーマ化したこれらの都市の試みは、ある意味で都市文化の再生産であったと見ることができるだろう。商業資本と連携した公的なセクターが、公共性と産業育成を理由に都市を「集客の装置」とみなし、そこにおける文化のありようを改編しつつ、従来になかった都市を産み出したのだ。
ここで考えるべき点は、文化というものが、明らかに自覚的に語られ、見出され、意図的に創り直されているという点だ。もちろん文化を生産する営為は、権力の意図と無縁ではあり得ない。

戦前の日本を例にするまでもなく、国民文化の創出は、国民国家の成立と歩みをともにする場合が多い。学校教育、社会教育、そしてより日常的な施策を通じて、国家が文化なるものを意図的にかたちづくり、国民の統合の術として活用してきた。文化も政治権力と無縁ではない。

西欧においては、「帝国」なるものが形成される途上で、自国の文化を確認する場が都市に用意されるようになる。タイにおいては、一九三二年、政治体制の変革があった際、民族主義的な民主化運動を実現させる課程にあって、国民という概念とともに、文化なるものが確認された。今日でも、たとえばインドネシアでは、芸能の振興などを手段として、新たな国民文化の創造と育成が行われている。また歴史的遺産の修復や博物館づくりの経験から、伝統文化の称揚をはかる地域も少なくない。

結果、文明の所産である「産業都市」には、さまざまな文化の装置、たとえばミュージアムや図書館、動物園や植物園、学校やコンサートホール、さらには国民統合のシンボルである記念碑や歴史的遺産等が適切に配置されるのが通例となった。生活の基盤であるインフラともに、これらの文化施設群に関しても、誰も疑う余地のない「公共性」が認定されている。もしかするとアメリカで提示された都市のテーマ化は、一九世紀から二〇世紀にかけて世界を席巻した国民文化の形成とは異なる、新しい都市文化編集のダイナミズムを示すものなのかもしれない。

そこにあっては、従前の「公共性」はいったん消失し、まったく質の異なる「公共性」が産み出されつつあるようにみえる。国民文化の形成に寄与することよりも他民族性・多様性を認めあう潮流、さらには啓蒙主義にかたよるのではなく、集客力のある上質のエンターテインメント空間を是とする原理原則が、新たな文化施設概念を成立させつつあるのだ。テーマ化した都市のありように、次世代型の「公共の論理」、そして新しい価値観に基づいた「文化施設」のデザイニングを読みとることができるとさえ思えてくる。

果たして日本の諸都市も、アメリカの諸都市のように「テーマ化」を目指すことで、人口減少や産業構造の変革など、来るべき危機を乗り切ることができるのだろうか。成否のいかんは、ひとえにさきに述べた次世代型の「公共の論理」を構築し、そして新しい価値観に基づいた「文化施設」のデザイニングを描きうるかどうかにかかっていると思う。

商業・集客を肯定するこの種の都市デザインは、二〇世紀的なる「産業都市」、そして国民文化の形成時にもたらされた「公共空間」のありようと相容れない部分がある。そのあたりをいかに乗りこえ、新しい理念や技術の系をまとめうるのかという点が問われている。

かつて、「ふるさと創生」ないしは「地域活性化」という掛け声のもと、日本でもいたるところに擬似的にテーマパーク化した施設が設けられた。歴史的街並みを再生したところや、地域の特産品や物語を活かしたリゾート地などである。しかしそれらの大部分が、とりわけ公共セクターが手を染めた仕事のかなりの割合は、ビジョンを完遂することなく中途半端なままに終わっている。第三セクターや土地信託で行われた事業のなかには、経営難のところが少なくない。理由はさまざまにあるだろうが、従来型の公共の論理をもってして事にあたったという点が、大きな理由のひとつだと思う。

日本における都市のテーマ化は、先行する過ちの反省のうえに進められるべきだろう。安易な流行などで成し遂げるべきものではない。数十年の先、次世代に影響力を及ぼす新たな文化創造だという認識のもと、まったく別のロジックから文化と経済に橋を架ける「公共性」を、それぞれの都市ごとに語ることが前提となる。

7　ライフスタイルの創造

そこで参考になるのはシンガポールの事例である。世界中からの観光・集客を主題に改造し

川沿いの倉庫を改装して新しいマーケットにした
シンガポールのクラークキー

てきたこの都市国家は、「公園都市」という表現があるように、アジアにおける都市のテーマ化を先導する例である。西欧に対してはオリエンタリズムを強調し、日本に対しては買い物のメッカ、そして熱帯のリゾートなどを想起させる自己イメージの誘導を戦略的に展開し、たくみなシティセールスを実施している。

シンガポールの戦略で注目すべき点は、いくつもあるが、たとえば観光という概念を、生活文化の提案に拡張している点にも学ぶべきことが多い。

従来、この街の欠点のひとつが魅力的かつ健全なナイトライフの欠落であった。まさに公共性の論理から風俗営業などを禁じてきた過去の経験から、盛り場や歓楽街は

夜の時間帯を有効活用したシンガポール動物
園の「ナイトサファリ」（写真中央は筆者）

寂しいかぎりである。そこで夜の観光魅力の創出のために、ライフスタイルを提案する専門のセクションを開設した。

以後、一〇年ほどの時間をかけて、夜の動物園「ナイトサファリ」、クリスマスシーズンから旧正月にいたる長期間のライトアップ、倉庫街と河港をリニューアルしたマーケットプレイスなど、これまでにさまざまな施設とソフトをかたちづくってきた。都市の開発と、滞在者に対する時間消費の提案がセットになっている。この種の発想が大切だと思うのだ。

「物語性」の演出とはすなわち、その場にふさわしい時間消費のありようを提示すること、すなわち新しいライフスタイルの提案をも含んでいるべきだと考える。この種の発想をもってして計画されていない施設やソフトは、来訪者にとって何の魅力も持ち得ない。

つまるところ都市のテーマ化とは、施設の整備やソフトに物語を援用すれば、それで事足り得るというものではない。そうではなく、都市文化を既存の枠組みから解き放ち、都市を「ライフスタイル創造の場」と改めること、あるいはビジターの立場から言えば「ライフスタイル発見の場」とすることが重要である。見かけの「テーマパーク化」ではなく、ディズニーランドなど実際のテーマパークにおける人々のプラティーク、すなわち楽しみ方の発見と体感の課程をまちづくりのプログラムに還元することが、新しい都市文化の、ひいては新しい都市の創造に直結するのではないか。

第3章　歴史という見世物

1　「偽物の街」の存在意義

以前、知人からこんな話を聞いたことがある。

場所は、江戸時代の町並みが保存されている、ある宿場町である。朝早く、日の出とともに、土産物屋の店が営業している。そこに女子高生のグループが訪れた。地理か歴史に関する勉強をしている。どうも「歴史的環境を保存する意義と苦心について、地元の人に意見を聞こう」という課題が出ているらしい。

店番は、かなり高齢の男性である。彼は、少し離れた街に住み、毎日、この「偽物の街」に通っているようだ。女子高生の質問にどう答えるのかと思って、耳を傾けていると、いきなり説教をはじめたそうだ。君たちは、こんな所で何を質問しているのだ。江戸時代の町並みを残しているが、ここは偽物の街だ。生活はない。こんな街を見ていて、何がおもしろいのか。パチンコ屋もなければ、レンタルビデオ屋もファミリーレストランもない——おおよそ、こんな内容であったらしい。

女子高生たちは、彼の言葉を一所懸命に、ただひたすらメモしているだけだったそうだ。このやりとりのなかに、日本における「歴史的環境」の本質と限界を考える鍵があると思う。かつての環境をそのままに保存、ないしは再現した「本物の街」であるはずなのに、その土地に暮らす人は、生活感がない「偽物の街」としか評価しない。一方、初めて訪れた若者にとっては、街のリアリティの如何《いかん》はどうでもよい。そこは単に「学習の場」でしかないのだ。

彼らの認識を別に非難しているわけではない。「歴史的環境とは所詮、その程度でしかない」と諦めているのでもない。この種の「限界」のなかにこそ、より積極的に評価するべき何かが隠れているように思えてならないのだ。

それは「歴史的環境」は、いわば「参照する環境」であるという理解である。復元された過去の風景と、普段生活している街との距離を測ることで、私たちは、みずからの日常を相対化することができるのではないだろうか。

この感覚の仔細を、もう少し、わかりやすく述べておこう。ある人は「歴史的環境」で、その嘘臭さに即座に気づき、「つまらない」と思い、土産物を手にして帰路を急ぐだろう。またある人は、保存された町並みに遊ぶことで、懐かしく思い、あるいは日々の心労が「癒される」と感じることだろう。その感じるところは違っていても、前者と後者の精神的操作には、実は大差がないようにも思う。「歴史的環境」に身を置くことは、みずからの生活環境のありようについて、ひいては自分自身の生活習慣や生きざまについて考える、格好の契機となっているという一点において、あい通じているのではないか。

「生活空間を対象化する装置」とみなすことによってはじめて、偽物と本物の狭間にある「歴史的環境」の本質を、理解することができるように思うのだ。そこで「何かに気づく」こと、そしてできれば自己を「再発見」することこそ重要なのである。「町並み」は「気づきの場」として意味を持つ。

2　過剰な環境の演出

しかし現在、各地で進められている「歴史的環境」の整備事業のなかに、この種の自覚があるかというと、実にこころもとない。

文化財的に保存されているところは、社会教育的意義から、来訪者に「史実」への理解を強要しがちだ。説明や案内も、あまりに親切に過ぎる。日本における「歴史的環境」の扱いは、宝物を「静態」で保存することを御題目とする、旧式の「博物館」のようである。ひとりひとりが環境を楽しみつつ、それに触発されて、自分で何かを発見するような演出が、もっとあってよいのではないか。

実に安易に「歴史的環境」を演出しているところも多い。城下町の公共建築には、日本屋根を載せた不格好なビルがならぶ。なまこ壁の公衆トイレを用意すれば、「歴史的環境」に配慮したと短絡しているところもある。戦国武将を可愛らしくデザインしたマスコットを造る。しかも、いたるところにそのキャラクターの看板や人形が、これ見よがしに置かれている。いわば、「歴史」の押し売りである。

なぜ「歴史的環境」は、もっとひっそりと、「気づきの場」としてデザインされ得ないだろうか。ひとつにはこの種の環境デザインが、都市計画学・土木工学・建築学・造園学という領域にまたがっていることによる弊害がある。

境界を超えているといえば聞こえがいいが、言い換えれば、それぞれ別の価値観に基づいたデザインが重ね合わされるということになりがちだ。ある地域を対象として、都市計画・土木・建築・造園の各分野の技術者が手を入れる。さらには環境デザインや屋外彫刻の専門家も加わり、各人が手にしている技術を使いきる。出来上がった「景観」は、あたかも「幕内弁当」のような体裁になる場合が多い。

要素を足し算し、技術をかけあわす。できあがりは、ごてごてと実にくどい結果となる。それが日本的な「景観デザイン」の本質という見方もあるが、果たしてそれでよいものだろうか。また縦割りの行政が、この傾向に拍車をかける。道路、公園、景観、教育などの各セクターが、それぞれに事業予算を消化するべく、過剰にデザインを加えてゆく。

その典型がサイン計画である。観光地などで典型なのは、道路事業、公園事業、都道府県の事業、市町村の事業で、毎年、新しいデザインの案内板や碑を置いていく。各物件にはそれなりの配慮があっても、全体としての統一はなく、また無駄も多い。

これまでのデザイニングは、箱庭的な「造りこみ」を重視しすぎてきたように思えてならない。大学等の教育現場では、「景観デザイン」には「創る景観、守る景観、育てる景観」がある、と学ぶ。筆者はそれに加えて、現場で要請される新しい仕事として、「省く景観、壊す景観、統《す》べる景観」といった概念を導入するべきだと、かねて主張しているところである。

日本各地で、地域に根差した「環境のデザイン」が論じられはじめたのは、一九七〇年代以降のことだ。そこにおいて「地域の歴史」「歴史性」も、誰もが容易に使用できる環境造型の言語、環境演出の一要素に堕落してしまった。至るところに、良くいえば誰もが納得できるわかりやすい「歴史的環境」、悪くいえば「映画のセット」のような町並みが、保存、ないしは復興されつつある所以《ゆえん》である。

3　風土のデザイン

ここにおいて示される問題の第一は、私たちが「環境」と「風土」という概念を、曖昧に理解している点である。

辞書的に定義するならば、「風土」とは「人間の精神・生活様式として具現されている自然環境」のことであるようだ。また『漢書　地理志』では「風土（フェンツ）」なるものを「風俗と水土風気との関係」と定義している。ここには地域固有の生活文化、人間の営みを含んだ「文化景観」をも含めて「風土」とみなそうという認識が示されている。古代日本において国ごとに編まれた『風土記』には、各地の地名・産物・伝承などが網羅されている。まさに「風土」を記録する試みであったわけだ。

一方「環境」とは、主体である人間とその四周をとりまく外囲、および「内なる環境」である内囲を総括、一個人である主体と外部との関係性として認知されるものでる。「環境」とは、あくまでも個人的な主観的な認知であり、「風土」はすべての主体を含む総合された概念である。ある種のコスモロジーである。

西洋では、生物と環境との関係性を考える生態学に対抗するように、主体と風土との関係性をめぐる「知」が生まれた。人間の内面に刻まれた自然を分析するカント流の「自然地理学」や、地域の固有性と全体の統一を考える「人文地理学」などが後者である。

このように考えると、明らかに「風土」と「環境」は別のものである。しかしこの国では、両者の差異を曖昧にしたまま、双方を混同して使いこんできたのではないか。しかもデザイナーのなかで、きちんと「風土」を解釈する人は少ない。同様に、同じ「環境」に身を置いても、個々の感受性は差異があるという、あまりにも当然の認識に対しても、理解は薄い。

たとえばケビン・リンチ風の地域イメージ調査、建築指導に拠る景観コントロールなど、記号化し、要素に分解して処理する作業は、一般解を抽出しやすい。けれども、土地に根差した生活文化からは遥かに遠い答えを誘導する。それが日本中で、誰もが理解でき、大多数の人が心地よいと思えるような、中途半端な「歴史的環境」を大量生産することにつながったように思えてならない。

今後、求められるのは、普遍性を持つ「歴史的環境」の創出ではないだろう。真に土地に根差し、時間・空間を超えて人の心にある「風景」を外在化させ、何かを気づかせるような「風土」づくりではないか。地域の人には共有できるが、外部の人にはなかなか理解できない「歴史的風土」をあらためて解釈することが重要である。常に特殊解を求め徹底すること、異質性をそのままに放置すること、説明的に造りこみすぎないことで、外来者にとっても個々に魅力を覚える「環境」、すなわち「風土」の創出ができるはずだ。

4　都市を「故郷」とするために

まなざしを都市に向けよう。大阪にあって、江戸時代の町並みを復元、かつての環境をそのまま来館者に体験してもらおうというミュージアム、「大阪市立住まいのミュージアム」の企画・構想に当初から参画した。福岡にある「博多町家ふるさと館」、東京の「深川江戸資料館」などを参考に、さらに充実した体験空間を考えた。

その作業を通じて意を強くしたのは、大都市であればあるほど、「歴史的環境」の存在意義は大きいという点だ。都市で生まれた人々にとって、そこを「家郷」と確認する装置という役割を果たしうる。

アメリカなどでは、高度経済成長期に破壊された自然環境、および歴史的風景を、何十年もかけて、元の姿に戻そうという動きがある。修復された歴史的建造物のほうが新築よりも評価

博多町家ふるさと館（上）と館内の展示（下）

され、修復・転用する事業が収益を挙げている。

アジアに目を向けても、シンガポールの再開発では、密集した居住地を超高層ビルに集積するのではなく、その地域の建物を文字通り外側の皮一枚だけ残して、建物内部を現代風に改める方法がとられている。インド人居住区、中国人居住区など、町並みから、それぞれの民族に固有の文化を感じ取ることができる。

いかなる国であっても、経済成長期にあっては、いかに良好な「歴史的なストック」も、時代のニーズに合わなければ安易に破壊されてきたのは必然である。しかし成熟期、しかも経済の低成長期においては、その種の事業はおのずと抑制される。

今後、日本においても、破壊された環境を回復させる事業の重みは増すはずだ。京都や大阪、横浜などでも、町家、倉庫や近代建築を転用し、新しい店舗に改めて成功する例が増えている。世界に目を向ければ、歴史的建造物を部分的に保存すれば、公的な補助金が出たり、容積率が割増しされるなどのインセンティブのある都市は多い。また、日本ではまだ公的な支援が十分ではないが、登録文化財制度のように、歴史的遺産の存在そのものが税の減免対象となる事例もある。

今後、使い捨てを是としてきた戦後の文化を捨て、歴史的な建造物を評価する傾向が高まれば、修復事業のなかに、もっと多様なビジネスチャンスが生まれてくると思う。

再開発でショップハウス風の外観に改築されたホテル（シンガポール）

朽ちた建物の外壁を残して全面改装し、見事に新たな観光名所として甦らせた横浜・赤レンガ倉庫

5　社会の成熟と歴史的環境

極論すれば、今後、「歴史的環境」は、ある種のインフラストラクチュアになってくると思う。博物館内や現実の都市に復元された町並みは、文化的な都市基盤であると同時に、その場所から発信される「土地の歴史」に関わる情報は、次世代型の「ソフトインフラ」とみてよいのではないか。

これまでは道路や下水道、公園や学校といったものが、生活に欠かせない都市基盤であった。しかし人口の減少期に向かうこの国では、従来型のインフラは、もはや充足されつつある。新しい発想のもと、次世代型の都市基盤とは何かを考えてゆかねばならない。

ひとつには若者・中高年・高齢者というように、加齢に応じて、必要とするインフラは違うという点に気づくべきだ。また定住者向けと、ビジターや観光客が必要とする施設は違うという点に配慮をするべきだ。一方で、世代・性別・居住歴に関係なく、市民のレクリエーションや交流活動の拠点、さまざまなタイプのオープンスペースこそ必要だという見方もある。あるいは、これまでのようにハードを基盤とするのではなく、文化や知識といったソフトこそ次世代型のインフラにほかならない、という意見もある。

このような議論をふまえるならば、「歴史的環境」というハード、ひいては「歴史」というソフトは、次世代における都市居住を考えるうえで、当然、必要不可欠な装置だといってよいのではないか。都市で生まれ、都市で育つ若者が、その地域への愛着を養うために、なんらかの「歴史」に気づくことは不可欠だと思うからだ。

いつのまにか私たちは、道路や上下水道、公園などは、あって当然だと思うようになった。多額の税金を費やしても「必要だから」という理由で、その建設を認めてきた。やがては「歴史的環境」を修復する事業も、同じように当然のことと了解される時代が来るのではないか。

常に変化を余儀なくされる日本の都市にあっては、「近代」「戦後」、いや「現代」と呼ばれる時間さえも、すでにノスタルジアの対象である。少し前までは、根強く残っていたコミュニティ、祭礼を支えていた連帯感さえも、郷愁の対象になっている。高度経済成長は、都心から住居を消し去り、まちなかから「故郷」を消し去った。そこで生まれ、あるいはそこで働く「都市人」にとっては、心の拠り所がなくなっている。

町おこし、村おこしに躍起になっている地方は問題がない。大都会で生まれ育った人が人口の多くを占めつつある今日、都市にこそ「故郷」を創成する必要がある。都心に「歴史的環境」を整備し、彼らの心の空洞を埋めるインフラとすべきであると重ねて強調したい。

6　錯乱する歴史都市

では現代都市に、いかに「歴史的環境」を組みこむべきなのか。肝要なのは、さきに述べたように都市の「風土」を理解したうえで、「歴史的環境」を演出できるかどうか、という点である。

とすると、ここにおいて筆者の論は、いささか矛盾を抱えこむ。なぜなら日本の都市風土、その本質の解釈は多様だが、ひとつの答えとして「変化を受容する場所」という認識に至るからだ。風景は常に失われ、更新される。この種の都市のダイナミズムを、果たして環境として表現しうるのか。

ひとつの方法はシンガポールなどで実践があるように、異なる時代、異なる文化の存在を伝える環境を、都市風景のなかに埋めこんでゆくことだろう。近景に低層の民居、遠景に二〇世紀様式の超高層ビルがそびえている。ふと後を見ると、一九世紀に建造された洋館造のホテルがある。それぞれが、それぞれの「歴史」を語ろうとしている。

矛盾と混乱、対比と競合を抱えこむことが、見る者に都市の歴史を訴求する結果となるのではないか。整い過ぎた「歴史的環境」に身を置いては、誰もその意義に気づかない。常に変化を知覚し、常に「古き良き何か」が喪失しかねない危機感があるからこそ、「歴史」という都市の基盤を体感することになるのだ。

結局のところ、ここでの主張は、それぞれの個人、さまざまな主体が、自分が次世代に遺したいと確信する「未来の歴史的環境」を創出してゆくことという一点に集約される。誰もが理解できるような、中途半端な演出にとどまるのではなく、結果として「歴史」の多様性と重層性をそのままに見せる方法論が必要ではないだろうか。

第4章　自然というプレゼンテーション

1　「環境修復」というプレゼンテーション

長野での冬期五輪開催の直前、現地では「自然との共存」というスローガンの真意が問われた。一例が、話題となった白馬八方尾根の男子滑降コース設営をめぐる問題である。国際スキー連盟は状況改善のため、スタート地点の標高を上げることを要望、対して組織委員会は、国立公園第一種特別地域内になることを理由に拒否をした。

一見、保護の立場を貫いたと見えるが、報道に拠れば必ずしも実情はそうではない。実際には指定される以前から一般向けのゲレンデがあった場所である。予測される自然破壊のデータもなく、法規制を楯《たて》に拒否しただけ、という批判があった。一方で、ミズナラ林を伐採してゴールエリアを確保した例など、むしろ環境保護の立場からは疑問視される例でも許可されることもあった。

「自然との共存」という掛け声の内実は、せいぜい「環境に優しい工法」が採用されている程度のものだ、という声もでた。イベント終了後、いかに見事に環境修復を実現したか、ことの是非を確認してゆくことが必要だろう。

愛知県もイベントに関わる環境問題で揺れた。パリの博覧会国際事務局（ＢＩＥ）で、カナダのカルガリーとの決戦投票を勝ち抜き、二〇〇五年の万国博覧会開催が決定した。名古屋五輪誘致がソウルに敗れた記憶があるだけに、地元政財界の誘致活動は熱心であった。また、これで中部新空港の建設にも、はずみがついた。空港整備は、中部圏への新首都誘致に関しても要件のひとつであって、圏域全体の浮沈を握る最重要課題であった。

テーマは当初、「自然の叡知」となった。主会場と想定されたのは、早くから開発計画があった瀬戸市南東部、海上《かいしょ》の森と呼ばれる里山一帯である。当初は従来型のエキスポを予定したが、豊かな自然が残る地域であって、候補地周辺を対象に実施された「植生回復・改良基礎調査」や「生物多様性調査」では、シデコブシ、ギフチョウ、オオタカ、オシドリなどの希少種

「環境修復」による公園整備（淡路島）

が確認された。結局、主会場も、海上の森から県立青少年公園に変更された。おそらくはイベントを通して、二一世紀型の「環境共生都市」の理想像がプレゼンテーションされることになるのだろう。

双方の事例だけではない。二一世紀の巨大イベントにあっては、「環境」に関する認識をいかに主題等に内在化させて、うまくアピールするのかが自明の前提となりつつある。しかもただ単に「共生」などと主張しているだけでは、訴求する力もない。新たな工夫、先端を行く環境への配慮が要求される。

しかし当然ながら、会場規模が大きいほど、生態系破壊への懸念はまぬがれない。この矛盾を解決するためには、イベント終了後の「環境修復」を前提とすることが、これからは慣例となるだろう。

イベント空間だけではない。恒常的な人々の生活空間においても同様のことがいえるのではないか。すでに各都市、各地域が、いかに環境に配慮しているのか、あるいは高度経済成長期に破壊された環境をいかに修復しようとしているのかを、きちんとプレゼンテーションすることが求められつつある。

「環境」をめぐる対策は、すでに社会問題への対応という次元ではなく、その都市の倫理、都市経営の哲学などに関わる自己表現として位置づけられている。各市町村が、どの程度の事業を展開しているのかを見ることで、行政や議会の意識、ひいては市民意識の高低を解く指標になりつつあるのだ。

2 「地球」と「地域」の狭間にあって

「エコロジー」という思想が、個人の、そして自身が属する共同体の、さらにはその社会そのものの「自己表現」と直結していると考える所以《ゆえん》である。さらにいえば、文明の所産である都市においても、「自然」をいかに、おのれの内にとりこんでいるかというプレゼンテーションが不可欠になりつつある、ということである。またそれは、その都市、地域で暮らせば、いかにエコロジカル生活が可能であるのかという、ライフスタイルの提案を各都市が義務として背負いつつあるということである。

日本に限っていえば「環境」、それ以上に「エコ」という接頭語という概念は、これまでにもいくどかのはやりすたりがあり、そのたびに変容を余儀なくされてきた。末石冨太郎は、日本の戦後を回顧したとき、おおざっぱにいって一五年周期で三度、「地球環境」をめぐる議論の波が高まったとみている（「環境論的にみた地域研究のスタイル」『都市計画』第一八九号）。

第一の波頭は、戦後復興から高度経済成長期、公害が激化した時期に顕在化した。当時は現在のように「地球にやさしい環境」などという悠長なものではなく、空前の「きびしさ」をいかに克服するのかが議論された。対策として求められたのは、理想や理念ではなく、工場など汚染物発生源に対する濃度規制と除去技術であった。

第二の波頭は石油危機の直後に現れる。そもそもは政治・経済の分野における確執から派生した「危機」であるが、「地球資源」という概念が浮かびあがり、各産業のエネルギーシステムのありように影響を与えた。廃熱の有効利用等、技術革新によって大気汚染が著しく減じるなどの効果をもたらした。

このとき、自称「環境計画者たち」が名乗りをあげたと末石はみる。そこに二つの流派がある。一派は総量を規制すればよし、という立場である。都市人口の増大や製造業の発展を視野に入れて、下水道や廃棄物処理というサブプログラムの拡充に力を注いだ。もう一派は「環境概念」を拡張すべきとした人々である。環境の快適度と都市の利便性とのトレードオフを構造化し、多義的な環境指標を構築しようとした。ここで登場した後者の後継者が、「地球にやさしい」を旗印とする第三の波、すなわち近年の「環境ブーム」で旗手となった人々である。

このような認識のもと、末石は注目すべき指摘をしている。ひとつには反復する波のなかで、「地域」と「地球」をめぐるレベルの異なる問題が顕在化したことである。大気汚染を例にあげれば、「地域にやさしい高煙突技術は地球にきびしく、地域にきびしい低煙突のほうが地球にはやさしい」などという、実に明快な矛盾があるわけだ。

また、これまで日本で行われた対処療法が、経済学者の誘導によって、もっぱら省エネルギーという技術系のシナリオによる解決で善しとしてきたという経緯を指摘する。結果、行政の環境部局が縮小されることもあったという。

3 「エコロジカルな都市」という多様性

末石の問題意識を拡張するならば、都市が果たしてゆくべき「環境」に関わる自己表現においては、ひとつには「地域」か「地球」かというどちらかの極端になるのではなく、双方の中間に自分を置いてみることの重要性を、いかに市民に意識させるかという視点が重要だという結論にたどりつくことになる。

むしろそれは「環境学」ではなく、「地域学」の領域における課題である。またそれは環境問題をいかに解決するかというシナリオの選択方法をめぐる「都市の哲学」の問題である。実際、「エコ」を冠とする都市の像も、じつに多様である。いわゆる「循環型社会」の理想を求めるものから、従来の経済システムを前提として、効率を求める集約処理を大原則とする「一過型社会」という枠組みでの持続可能性を模索するものまで、その振幅は小さくない。

たとえばもっとも技術重視のシナリオを描くアイデアは、在来のテクノポリスのビジョンにエコロジーという思想を加えた、「エコ・インダストリアル・パーク」の類である。経済成長を至上の命題とし、供給を重くみる都市の仕組みを構築する。派生する環境問題は、先端技術の開発で解決しよう、というものだ。中央省庁で言えば、かつての通産省が示した立場といえばわかりやすい(本章の初出は中央省庁改再編前であり、以下、当時の名称を用いている)。

一方、建設省が提唱した「エコシティ」は、最終需要に着目する。大きな夢や理想を描き、それに実態を近づけようとするのではない。現状を基礎にその動向を見据え、省エネルギーの考え方、あるいは自然修復などの技術を取り入れながら、都市が漸次、変化してゆくことこそ適正とみなす。文明の「成り行き」を、大局的に俯瞰するシナリオである。

都市のデザインに、よりエコロジーの思想を取り入れるべきとするのが、環境庁がイメージした「エコポリス」である。内発自立型の領域を限る経済圏を想定、循環型の地域システムを確立しようとするものだ。これを一歩すすめると、農水省が示した「エコトピア」「エコビレッジ」となる。都市的な集積を肯定せず、自立共生経済によって維持された、まばらな都市的生活圏をイメージするものだ。

また集客を視野に入れて、より積極的に訴求する場合、環境を重視したリゾート都市、いわゆる「エコリゾート」なるものが想定される。ただ欧州の事例を調べてみても、その実態は定かではない。「エコリゾート」と形容していても、その実、単なる宣伝文句に終始しているところも少なくないようだ。

たとえば朝永彰は、「エコリゾート」に値する事例は、北欧で展開されているログハウスによる「人間復興」、中部イングランド地方の農場民宿、ツェルマットなど山岳リゾートなどわずかしか見当たらない、とする。そのうえでとりわけツェルマットを典型とする、自動車を排除するカーフリーリゾートの開発手法に日本への適応可能性をみている（『エコロジカル・リゾート』学陽書房）。

もちろん国内にも日本自然保護協会のネイチャーインなど「エコリゾート」らしき施設があり、そこを訪れる「エコツアー」らしき旅の形態はある。さらにいえば、生態系の保全を第一とするリゾート、たとえば尾瀬や上高地、そのほか自動車の運行を制限する山岳リゾートのいくつかは、国内における「エコリゾート」の先駆と見てよいだろう。しかしより都市型の「エコリゾート」のモデルは、いまだ提示されてはいない。

ともあれ、この振幅の中で、来るべき時代に適応した都市のありかたを描かなければならない。また中央省庁の再編成によって、「環境」をめぐる都市の自己表現手法のありようがいかに変容したのか。確認することが必要だろう。

4　「都市内自然」への視点

近代都市計画において、都市内に「自然」をとりこもうという自己表現は、ふるくは慰撫あるいはレクリエションの振興という必然性から説明されてきた。公園・緑地、あるいは河川や海浜などの整備、さらには植物園や動物園といった教育・文化施設といったハードによって、その目的がかたちになされるとされてきた。さらに近年では、アメニティという概念が、その種の事業の性格を包括しつつある。

しかしこれらの事業は、基本的に居住者を対象としたものであった。外部の人に向けた自己表現としては、新しい概念の移植が必然である。以下では「旅」という概念装置を援用することから、都市における「自然」の表現について考えてみたい。

近年、「もうひとつの旅」のありようとして、「エコツーリズム」なるものが喧伝されている。二〇世紀後半、地球規模での観光行動が多様化、また自然環境の保存に対する関心が高まった。人々は歴史的な遺産や未知の文化財、さらには豊かな自然を求めて、世界中を旅するようになった。しかし大勢の人が移動すればするほど、各地で環境が破壊されていった。

一九五〇年代までは、観光行動が自然に与える負荷は、さほど問題視されなかった。しかしその後、観光開発がもたらす経済効果を肯定的に評価する意見と、破壊を危惧する声とが対立しはじめる。環境保全と観光は、本来対立し、互いに「矛盾」するものという認識が主流であった。

この矛盾を解きほぐし、諸問題を克服するための方法論として、一九七〇年代に生まれた「共生」概念を発展させるかたちで、一九八〇年代後半に提唱されたのが「エコツーリズム」である。生態あるいは自然環境という意味の接頭語である「エコ」と、広義の「旅行」「観光」を表す「ツーリズム」とを組み合わせた概念である。

自然の保護をはかるべき地域が「観光」という経済活動を、ある程度受け入れることで、経費などを捻出し、保全をはかるうえで有益な選択のひとつという考えが育まれた。また、観光のエージェントなど業界の中にも、環境への意識が向上したことにより、冒険型でかつ参加型の自然志向の旅の需要が増えてきたという判断があった。自然環境に矛盾しない観光であり、なおかつ持続可能な地域の開発に寄与するという「エコツーリズム」は、まさに環境保全分野、旅行業界、双方の思惑が交差する地点にあって、双方にメリットがあるという画期的な提案であった。

5　エコツーリズムの実践

しかしその現状を見る限り、「エコツーリズム」の理解は、じつにさまざまである。また主催団体によっても、その実態は多岐にわたる。

さまざまなレベルでの環境保護を提案する民間団体が、「エコツアー」を試みている。具体的な事例をあげておこう。かつて京都のあるNPOは「エコツアー」と称し、毎年、屋久島や石垣島白保、京都府美山町、北アルプスなどへの視察旅行を企画した。いまだ手つかずの自然が遺る地域を訪ね生態系の構成要素として身を置いてみる旅、伝統的な様式の民家が群れとして遺る集落などへおもむき、その土地の固有な文化に触れる旅など、その目的はさまざまだ。同時にこの団体は、京都を訪れる修学旅行を対象とした環境教育プログラムを用意した。生徒たちに嵐山など景勝地でのゴミ拾いを体験させるものだ。

ほかにも裸地となった中国の奥地にでかけて植林を体験するツアーを実践した団体もある。また産業廃棄物の不法投棄の現場や乱開発の跡など、環境破壊に関する諸問題が顕在化した場所を訪問する旅もある。

これらの例からは、「エコツアー」を、環境問題に対するみずからの認識を再確認するための学習、もしくは環境問題に関しての自己啓発の機会としようという意図が読み取れる。さらに最近では、自然体験ツアーなどと称して、エージェントの手によって商品化された「エコツアー」も目につく。

パッケージ旅行となったエコツアーには、内容から見て大きく二種類に分別することができる。ひとつは純粋に大自然のなかでの生活を満喫し、自然学習・観察に重点を置く旅である。冒険旅行を擬似体験するといった類の企画、森林浴や高山植物などのスケッチ、農林業の一日体験を特徴として付加した旅も含めて考えてよい。

もうひとつは、環境問題に関心を持ってはいるが、特定の団体などに加わって日常的に実践しようという意思は持ち合わせていない人を対象とするものである。

後者の身近な例として、以前、関西で企画されたあるツアーを挙げておこう。不特定多数を対象として参加者を募集し、大阪で大型バスに乗り合わせて、琵琶湖に出かけて、湖畔に投げ捨てられた空き缶を小一時間拾う作業を行う。そのあと名物料理を味わって帰途につくというパッケージツアーである。また東京からバスで富士山まで出向いて、ゴミをかたづけるツアーも行われている。

これらの場合、きわめて容易にボランティアを擬似体験、環境破壊に対しては反対する者であると手軽にアイデンティファイできるわけだ。今後はこのタイプが増えるかもしれない。ただ個人的な意見として、地域住民との交流の薄さにおいて、この種の旅をもってして「エコツアー」を標榜するのは問題が多い。

6　エコツーリズムの「幅」

そもそも「エコツーリズム」とは何か。現在のところ、はやり言葉である「エコロジー」に関わる、ありとあらゆる旅行を含むものと、緩やかに定義するしかなさそうだ。もっとも環境保全に関わる立場から見れば、そのありようは、かなり厳密に定義されている。

たとえば「自然に基づいた観光」「保全を支援する観光」「環境教育型観光」「持続的に管理された観光」という四つのフレームを用意したうえで、その重なるところ、すなわち四条件を同時に満たすものを「エコツーリズムの限定的な定義」、すなわち狭義の「エコツーリズム」と考える立場がある。

しかし実際はこのなかの一点を満たしている、広義の「エコツアー」が横行している、というのが現状認識として正確なところだろう。当然のことながら、一方で「マスツーリズム」を支持する観光業界には、その趣旨には賛同を果たして、「地球にやさしい旅」など環境への配慮をうたっても、実質的には、できるだけ緩やかな解釈をなしたいという意向があるように、客観的にはみえる。

また根本的な問題もある。そもそもその根幹にあった考え方は、「エコツーリズム」が単なる自然志向の旅ではないという点だ。観光行動に対する支出が、対象となる自然環境、さらには文化遺産などの保全に使用されなければならない。さきに紹介したツアーなどでも「環境教育型」のツアーなどが、地元の環境保全を目的とする資金の確保に有効かどうかと思うと、はなはだ疑わしい。

「エコツーリズム」と類似点の多い旅の形態に「グリーンツーリズム」がある。文字通り緑の旅、すなわち田園や農村での長期滞在を楽しむ旅のかたちである。イギリスを中心に、フランスやドイツ、オーストリアなど、欧州の一部で人気があるそうだ。

立場によって「ルーラルツーリズム」「アグリツーリズム」といった呼称を用いる場合もある。山崎光博らの定義するところに準拠しつつ、小異に目をつぶって大同で括《くく》るなら、「グリーンツーリズム」とは、次の三つの与条件を満たすものとして想定することができそうだ

（『グリーンツーリズム』家の光協会）。

まず第一には、あるがままの自然のなかでの、そして伝統的な農村社会のなかでのアクティビティーを主体とすることである。加えて伝統的なライフスタイルを継承する農村、基本的には「農家民宿」での長期滞在が条件となる。農村の景観やコミュニティを破壊せず、むしろ育成する姿勢が求められる。

第二には旅人に対するサービスの担い手が、農業従事者など地域コミュニティの構成要因である、ということである。外部資本によるレジャー施設などが提供するマニュアル化されたサービスではなく、地元の人々によって創意工夫が重ねられたもてなしが用意されていることが条件となる。そこには来訪者と地元住民との「人的交流」が当然、派生すると考えられる。

第三には、農産物や農村景観など、農村が保有するさまざまな資源、生活・文化の蓄積を都市住民との交流のなかで活かす機会となっていることである。農家が経営する民宿、食堂、キャンプ場、物販店などに、その土地ならではの人材とノウハウが活かされ、かつそれが地域社会の活力の維持に貢献していることが条件となる。大規模な開発ではなく、地域資源を最大限活用することが求められる。

欧州では各国とも農家の副業として、グリーンツーリズムを楽しむ観光客向けの宿泊施設の整備を推奨してきた。農業政策と観光政策の接点にあって、各農家が自主的に、かつ個別にリゾートづくりに関与するかたちをとっている。

日本でも、すでに岡山県の各地や北海道帯広市など、一部の地域で新たな農村リゾートの開発が進められている事例をみることができる。しかしそこには制約が少なくない。今後は旅館業法で定められたさまざまな条件の緩和、融資制度の確立、ノウハウを提供するシステムを整備することなどがあってよい。志をもつ農家が率先して事業に参加できるシステムの構築によって、農村のリゾート化が可能になる。特に民宿、ペンションに代わる、新しい村落型宿泊所の制度化が検討されてよい。

7　都市型のエコツーリズムは可能か

では「エコツーリズム」と「グリーンツーリズム」の相違はどこにあるのか。

明らかなのは「グリーンツーリズム・リゾート」は、農林業の振興と観光開発の接点となる事業であるということだ。したがって当然のことながら、農村という空間のありように関するパラダイムの転換は不必要である。都市近郊、もしくは高原や丘陵地などで事業化が容易である。また農村のリゾート化は、無人の荒野を対象とするのではなく、ある程度、定住する人がいる農林業生産空間の再整備という側面をもっている。

一方、「エコリゾート」は自然保護運動と観光開発の接点に位置づけられる。必然的に自然生態系の保全が第一義に想定される。結果、かなり開発が進み農地として十分活用されたエリアよりは、むしろ山間部、僻地などのほうが有効である。「グリーンツーリズム」がイギリス・フランス・ドイツなど、「エコツーリズム」が北欧やスイスで脚光を浴びているのは当然の帰結である。

もちろん他方で、双方が重なる部分は小さくない。大量の短期滞在客を期待するものではなく、長期のしかもリピートしてくれる滞在客が望ましいという点、大企業が主導する大規模な開発ではなく、地域に密着しつつ展開する小規模の開発であるという点、都市化をある程度で抑え景観の維持・保全が条件となる点など、あい通じる発想がある。

ともあれ利益誘導型の従来の地域開発のパラダイムを戦略的に変えようとする者にとっては、「エコツーリズム」もしくはその対象として想定される「エコリゾート」、あるいは「グリーンツーリズム」などの言葉は、このうえなく魅力的に響く。これまでの大規模開発が、おのずと派生させる問題は、すでにさまざまな立場の識者によって指摘されている。それに対して「エコツーリズム」に対応した開発、たとえば「エコリゾート」などは、大規模なリゾート開発の代替とまではいかなくても、明らかに環境保全を組み込んだ「もうひとつの地域開発手法」の道を示すものである。

今後、「持続可能な開発」を目標に据えようとする地域においては、「エコツーリズム」「エコリゾート」という概念を、独自に発展させることがあってよいだろう。いまだその内実が不定形であり、また従来型とはまったく異質な方法論であるがゆえに、可能性を秘めていると考えるべきだ。

最後に少し考えてみたいのは、この種の考え方をいかに都市に応用し、それを新しい「にぎわい」の場に応用してゆくのか、という点である。さきに紹介した京都での事例のように、すでに都市型のエコツアーの提案が、さまざまにある。その傾向と枠組みを示しておけば、次の三類型に整理することができるだろう。

第一には、すでに各地で実践されているような「環境破壊の跡を見る旅」である。

第二には「産業観光」の応用である。製造業の最先端の工場をめぐり、いかに公害を抑え、また水やエネルギーを循環型としているのかを見てまわる。環境に関わる技術を学ぶ旅でもある。滋賀県草津市で検討されているように、関連技術を開発している企業研究所や、環境学や工学系の「大学観光」と組み合わせる例も出てくるだろう。

第三の類型が「環境学習の旅」である。水族館や動物園で生態を学び、環境学習の専門ミュージアム、さらには上下水道場、さらには都市基盤を主題とする博物館などの学習をはかるものである。またゴミ処理場を公園に改造したり、護岸や堤防を「自然工法」で整備した例を遊覧する「環境修復」の結果を見る旅も含まれるだろう。

当然、各類型を融合した旅が想定される。さらに第四の旅の可能性として、「都市型のグリーンツーリズム」なるものを検討しておきたい。ワールドウォッチ研究所の『地球データブック　一九九七—九八』（ダイヤモンド社）によれば、地球規模で都市における農業生産額が増加しているという。当然、食糧生産の乏しい発展途上国などで顕著である。しかし先進工業国においても、大量に出る廃棄物の処理・管理とからめて、都市における食糧生産の可能性が模索されている。また神戸の「フルーツ・フラワー・パーク」の例をあげるまでもなく、都市における農業体験と滞在型リゾートとを組み合わせる試みはすでにある。まだまだ多岐にわたる展開可能性があるのではないか。

ともあれ今後、各都市が、いかに「環境に配慮しているのか」をプレゼンテーションするうえで、この種の発想は有効である。もしかすると各都市ごとに自前の「エコツアー」のプログラムを持つことが、当然のようになるのではないか。

もっとも、これら「都市型のエコツーリズム」においても、観光行動での利潤が対象となる環境の保全に使用されるという、エコツーリズムの概念にこめられている理想を忘れてはならない。その仕組みを、うまく確立できた都市こそが、「都市型エコツーリズム」実践地の、現在における最先端になり得る。

第5章　時間のデザイン

1　「擬似自然」としての都市装置

「自然」の事物を日常生活に取り込もうという発想は、日常生活のなかに息づいている。たとえば、生垣、前庭、坪庭など、私たちは住居の周辺に「小さな自然」を設けている。屋内も同様である。活け花、観葉植物など、さまざまな植物を飾りつける習慣がある。

また、本物でなくても、カーテンや日用品の柄、服の生地のプリントなどにも、花弁や葉をあしらったものがどれだけ多いことか。芳香材にも花を連想させるものが少なくない。私たちが日常、生活を営んでいる空間は、生きた植物、そして偽物の植物で埋めつくされている。

わが国でも古来、さまざまな趣向、象徴を用意することで、街なかの身近なところにも自然のプレゼンテーションがなされていた。その一例が「箱庭」や「盆栽」などの「うつしの文化」であるが、さらにおもしろい慣習のひとつに、宴席に用意された「蓬莱山」をかたどった「島台」がある。

蓬莱山は中国の東海に漂う不思議な山である。神仙のみが暮らしており、そこに不老不死の霊薬があると固く信じられていた。修行を積んで神仙への道をめざす道教とともに、蓬莱山への憧れも日本に伝来する。空想画のなかの蓬莱は、古い松の木が鬱蒼と茂った山を背にのせた霊亀の姿として描かれる。神仙の寓居がある山も、巨大な亀とともに海上を移動しているのだ。そして神仙の乗り物である鶴が加わる。ここに松や鶴、あるいは亀のイコンが吉祥となり、さらに「長寿」のイメージが重なる根拠がある。

室町時代、公家などのあいだに「盆山」という一種の箱庭づくりが流行した。一個の石の姿に深山幽谷を見出そうとする遊びであるが、そもそもは蓬莱山をそこに写そうとしたものという。

やがて江戸時代になると、蓬莱という聖山は、日常生活の飾りの重要なモチーフとなって一般庶民にも親しまれた。地方によっては、「蓬莱」といえば、普通は正月に用意される縁起物の飾り物のことをいった。白木の台に米を敷き、松竹梅を立てる。橙《だいだい》や昆布、栗や海老、鶴亀の造り物を添え置く。米と山海の珍味を飾り立てるのは、生活の豊かさを表徴するものだ。結婚式の際にも、「洲浜」あるいは「島台」などと呼ぶ、蓬莱山を型取った飾り物を用意した。中央に老松を置き、尉と姥、亀に鶴を配して、神の住む仙境を表した。これを座敷に持ち込むことで、神の前での結婚という意味づけをなしたのではないか。

この飾り物が、盛り場の風俗に欠かせないものとなる。廓遊びの際に、同様に蓬莱山のミニチュアを添え置く風俗が生まれたのだった。とりわけ酒事など宴席の際には欠かせない装置となる。遊客と遊女のあいだに置かれている様子が、浮世草子の挿絵などにも描かれている。一夜婚の盃を、神の前で交わすという意味があったのだろう。

この飾りを上方では「蓬莱」、ないしはめでたい文字に充てて「宝来」と記した。江戸ではこれを「喰積《くいつみ》」といって、三方に松竹梅を飾るようになったようだ。吉原では、秋八月の俄狂言のおり、「島台」流の飾りを高くかざして風流傘に仕立てあげた例もある。また同様に芝居茶屋での宴席にも、島台が置かれるようになる。

身近なところに、神の在所に似せた小さな「自然」を配置、その前で酒をくみかわす。それが吉を呼び込むことに通じる、と信じられたようだ。

現代都市にも、いたるところに自然の巧みを模倣して、何かに「見立て」た空間造形が氾濫する。たとえば博物館や水族館、動物園などは、まぎれもなく「自然」をディスプレイする装置である。

それらは、もちろんはじめは飼育する生物を社会教育に資する場として発案されたものだ。ただそれ以上に、自然景観をパノラマとして提供、見る者に「擬似的な自然」を体感させるディスプレイ装置という機能を担っていた。小ささのなかに巨大さを、縮図のなかに全景を、そして風景のかけらから全体の像を理解させようとした造り手の精神を、この種の造形から感じ取ることができる。

そのほか公園、緑地、植物園、街路樹など、さまざまなかたちに加工された植物群がディスプレイされている。実際のところ、それが生物であるか、あるいは人工物にかかわらず、人が造りあげた「まがいものの自然」「人間の技能の加わった緑」であることにはかわりない。見事に盛りつけられた擬似的な「自然」のなかに、私たちの日常の暮らしがある。

もちろん植物だけが使われるわけではない。水の流れ、擬岩による造形、さらには映像なども、都市に「自然」を再現する素材として用いられている。工業製品で満たされた環境で生きざるを得ない今日においても、人の手が加わえられた「まがいものの自然」は、生活のうえで不可欠な演出となっている。

それらの「擬似自然」は、私たちの余暇生活にあっても、欠かせない存在となっている。そもそも日本人の旅のスタイルは、どちらかというと長期の休暇をもらって一カ所で過ごすよりは、社寺・テーマパーク・海水浴場・温泉といった「遊び場」を回遊しつつ、あわただしく時間を消費する場合が多い。欧米人のような長期滞在型のバカンスではなく、短期滞在型の、あるいは移動型の旅を好む。休息を主目的とするものではなく、旧跡などを見てまわる「物見」、自然と触れ合う「遊山」などの遊びを主とするものだ。

環境に配慮した持続可能なライフスタイルを日本の伝統的な価値観に求めるとき、ある人はそれを、「日月の運行に同調した暮らし」と看破した。前近代には、確かに太陽や月の運行がもたらすリズム、すなわち昼と夜、そして季節ごとの気候の変化に対応した生活が維持されていた。

農村では、春の御田植えの祭礼から稲の成育を願う雨乞いや害虫を払う虫送り、そして稔《みの》りを感謝する秋の祭りと続く。都市においても同様である。山入りに対応する植木市、疫病や天の災いをはらうべく催される夏祭、祖霊を追悼する盆の儀礼など、一年を単位として、自然の循環に同調した暮らしが繰り返されていた。昼夜・季節に加えて、誕生と成育、死と再生のリズムがあった。

余暇の過ごし方においても、自然が生み出すこの種のサイクル、あるいはリズムが重視された。四季折々、その時候にふさわしい野山、あるいは野趣にあふれた遊楽地に出かけては自然を五感で楽しんだ。日本的な「エコツーリズム」なるものがかつてあったとするならば、その根源的な行動規範は「遊山」という概念で包括され得るだろう。

2 「名所」という「場」をめぐって

では、私たちの行動パターンに適応した観光の対象は、どのような場所になるのだろうか。おそらくそれは「名所」と世人が呼びならわした場所などに求められるのではないか。

ここでは「名所」という「場」にはたらく力について、少し考えてみたい。「名所」と呼ばれる「場」は、なによりもまず都市郊外に広がる自然のただなかにある。大自然のただなかではなく、ある程度、人の手が加わった中自然、小自然のなかにこそ見出される。

かつて緑ゆたかな近郊の野山は、花見や紅葉狩りに人々が集う場所であった。また納涼や月見の時期になると、河原や水辺に遊山客があふれた。「名所」は、時間のゆとりと空間のゆとりを感じさせてくれる開放的な場であった。

とはいっても、都市近郊の野山や水辺がすべて名所であったわけではない。名所に選ばれるためには、歴史的な因縁あるいは文化的事象に根ざす故事来歴がなければならなかった。正史に残る古戦場であるとか、有名な歌人が遊んで詠じた場所であるというように、なんらかのストーリーがそこに付加されていなければ「名のある所」に選ばれることはなかった。「場」に定位された物語は、有名人に由来するものだけとは限らない。無名の大衆、ひとりひとりが共有できる「小さな物語」でも構わない。誰と待ちあわせをしたとか、見慣れた風景があるとか、そういう個人レベルの物語が「名所」を創造することもある。駅前などの、いわゆる「待ち合わせの名所」の類は、その典型だろう。いずれにせよ、そこに定位された物語性のポテンシャルの高さが、「場」に力を与え、「名所」たらしめていたということはまちがいない。

要約するならば、「遊山する精神」に支持された「名所」の本質には、「自然と交流する場」「開放的な空間構成」「場所に由来する物語性」という三条件を基礎としていた。ここに日本流の「アーバンリゾート観」のありようを解読することができると考える。

もちろん「名所」は、自然のなかにだけ発見されるのではない。廓《くるわ》や芝居町に代表される悪所など、閉鎖的で高密度な人工的な歓楽街も、「名所」と呼ばれ世人にもてはやされた。あるいはモニュメントも「名所」となる。街中に奇をてらった建物や、新しい高層建築ができると、物見高い人々がどこからとなく集まってくる。にぎわいのなかで、私たちひとりひとりの「小さな物語」が無数に重ねられていった結果、界隈やモニュメントの類は「名所」に成長する。

3　「名所」の情報発信力

「名所」という「場」の生成について、もう少し考えてみたい。情報伝達力の有無も重要な要素である。その場の魅力を広く喧伝する条件がなければ、いかに物語性が豊かな場所でも、決して「名のある所」とはなり得ない。過去をふりかえるならば、「名所」と呼ばれる「場」には、物語を広く伝えるさまざまな仕組み、メディアがあらかじめセットされていることがわかる。

ひとつには視覚に訴えるメディアがある。印刷技術が著しく発達した江戸時代、人々はさまざまなタイプの「名所図会」を手にした。全国各地の美しい風景を描いた刷り物は、土産でもあり、旅立ちに備えて目を通すガイドブックでもあった。

相撲の番付を模して「名所」をランキングしたもの、さらにはスゴロクに小さな名所図をいくつも描きこんだ一枚刷りも流行した。人々はこういった印刷物を眺めながら、仮想の旅を楽しんだのかもしれない。一種のイメージマップである「名所図会」の伝統は、やがて絵葉書やガイドブックの類に継承される。

「名所」に関わる情報には、発信力を高め、なおかつイメージアビリティを高めるために、ある種の操作が働くのが常であった。ひとつには「見立て」あるいは「名付け」がある。たとえば近江富士や津軽富士など、「〇〇富士」と呼ばれる山がその典型である。「日本アルプス」「小京都」などもそうだろう。巡礼地を都市内や境内にに凝縮する「うつしの霊場」も、おそらく同種であろう。本家と比較してみると明らかにまがい物ではあることは一目瞭然だが、既存の「名所」の物語をうまく援用することができれば、この上なく容易に効率のよい情報発信することが可能になる。

あるいは「グルーピング」という操作もある。近世には「〇〇八景」「〇〇百景」というように、複数の名所を束ね、それにより上位の名付けを行うケースも少なくない。複数の「名所」をまとめることで、より整序された情報がつむぎだされていた。

もちろん「名所」の情報発信は視覚に頼るものだけではない。詩歌や詞にうたいこまれる場合もある。現代ではカラオケなどで歌われる、いわゆる「御当地ソング」などが典型だ。聴覚を通じて、場所の物語を心に強く訴えかけてくる。

4　名所の時間と空間

さらに「名所」に働いている力を読み取るためには、それが単なる空間概念ではなく、時間

「東京名勝」より浅草凌雲閣（上）と上野公園（下）（明治37年）

「大阪名所」より造幣局（上）と北向八幡（下）（明治28年）

をも表していることを理解しておく必要があるだろう。

実際、ある特定の時間と組み合わされることで、はじめてその力を発揮する「名所」が少なくない。初詣のメッカ、花見の名所、夕涼みの名所、紅葉の名所というように、季節という限定によって、「名所」となりえているところがある。あるいはまた、夜景の眺望所や深夜のデートスポットのように、ある特定の時間にだけ、物語性が立ち現れるところもある。

一方、「名所」には、よりゆるやかな時間も流れている。はじめて姿をみせた「名所」は、新しいがゆえに評価される。もっぱら「新名所」と呼ばれる「場」がそうである。そこでは同時代を生きる私たちの「遊びの精神」が発露している。そして同時代の美意識や価値観が、目に見えるかたちでさまざまに表現されているのだ。

しかし時間が経つにつれて、「新しい」という物語は、すぐに飽きられてしまう。「新しい」という情報だけでは「名所」として維持することが難しくなってくる。「新名所」のほとんどは、まもなく忘れ去られ、「場」の力は消えてゆく。

「新名所」のなかで、時間の経過とともに味の出てくるケースは、どちらかというと稀だ。ただ富士山や各地の温泉のように、普遍的な「遊びの精神」をうまく充填し、ごく普通の美意識や価値観を再び現前化する「名所」は、長らく求心力を持ち続ける。いわば「真・名所」とでも呼ぶべき「場」である。

あるいは一度衰退し、しばらく放置されていたかつての「新名所」が、のちに新しい時代の気分を吹きこまれることで、再生されることもないではない。「名所」は創出されたのちに、育成される。あるいは一度衰退したのちに、再発見される「場」であるといえるだろう。

「名所」という時空をゆるやかに貫く時間に着目すると、「名所」の盛衰のプロセスが見えてくる。おそらく「名所」の本質そのものは変わらない。変わるのは「時代の精神」であり、「場」に向けられる同時代の人々の好奇心である。好奇心を喚起する物語性や情報を提供できない「場」は持て余していた力を失い、「名所」としては存在し得なくなってしまうのだ。

現在において、私たちが創造しなければならない「場」は、目新しさをねらった「新名所」ではなく、時間の試練に耐えうるオリジナリティーを有する「真名所」ではないか。あるいは「新名所」を「真名所」に育むための、ソフトの開発にこそ目を向けるべきかもしれない。

そのためには第一に、環境造形の方法論に時間の概念をもっとうまく導入することが必要だろう。そのうえでその「場」にまつわる物語、つまり「名」を陳腐化しないような「場」のマネジメントが想定されてよい。つまり常に新しい物語を吹きこむ作業、すなわち継続的なリプレゼンテーションを重ねてゆくことが考えられるべきだ。

このように考えるならば、もしかすると常に改造中でいつまでたっても完成しない「場」こそ、「究極の名所」という結論に思い至るのだ。

第6章 消費を演出する

1 「都市案内」をめぐって

都市は、無数の主体が織りなす「複雑系」そのものである。だからこそ、いかに計画された都市であっても、見知らぬ異邦人には錯綜した迷宮のように見える。それをいかにモデル化して把握してゆくのか。はじめて訪問した街で、誰もが直面する難問である。あるいは逆の立場もあるだろう。来街者《ビジター》にわが街を案内する際などには、いかにその構造を明快に説明し、秩序だてて他者にプレゼンテーションをなすのかが問われるのだ。

この課題に関わる解として、私たちの先人たちは、ガイドブックや地図など、さまざまなタイプの「都市案内」を発明してきた。

わが国にあって、「都市案内」の歴史をさかのぼると、江戸時代に至るという。たとえば主として江戸・京・大坂の三都で観光された名所案内の類がある。都でいえば、たとえば『京童』(一六五八年)や、イラストを主体とした『都名所図会』(一七八〇年)などがベストセラーとなっている。

一方、町の由来を記しつつ、代表的な商工諸職を紹介する『町鑑』のタイプも早くから出版されていた。一六六五年に有名な『京雀』が刊行され話題になると、類書である『江戸雀』『難波雀』が、相次いで刊行されている。

これらは単なる店舗案内ではなく、ショッピングを楽しむための補助テキストという役割を担っていた。今日に通じる高度消費社会が、はやくも成り立っていたことを知ることができる。以後、江戸時代の後期までには、主だった都市に、同様の案内が普及する。

さて、ここで「案内」の本義に立ち返って考えてみよう。同語を辞書で引くと、以下のような四種類の意味が載っていた。

(1) 内部の事情を知っていること

(2)　内容・事情を知らせること
(3)　行くべき道や土地の事情を教えること
(4)　取り次ぎ、案内を請うこと

「都市案内」という時は、知識の乏しい人に情報を提供することが第一義となるのではないか。駅の案内表示に代表されるように、人の移動に際して便宜を図るシステム、ないしは地域情報への理解、あるいは空間認知を補助するサブシステムと理解することができる。

「都市案内」の典型を駅の案内表示ととらえる際、前提となるのは、多様な人がそれを見るという点である。誰が見ても判りやすいことが必要となる。地域、都市に関わる情報は、それぞれの人が個別に保有している経験値と言ってよい。初めてその土地に来た人は、白紙の状態から経験をはじめる。何度もそこを訪れるたびごとに、地域の情報を更新して上書きをしてゆく。要は経験値の違う人が同じ案内板を見ることになることを、想定しておかなければならない。

それをふまえるならば、「経験を重ねて地域の情報を更新していく人」を想定し、その空間認識をいかに支援するべきか。それが、「都市案内」に託された根本的な役割ではないか。

2 「都市案内」の文法

ここで究極の「都市案内」を紹介しておきたい。それは「史上初の戦場都市ガイド」とうたった『サラエボ旅行案内』(FAMA編、日本語版は三修社から、一九九四に刊行)である。体裁は、一般的な観光ガイドなのだが、内容は平時とはまるで異なる。狙撃兵に包囲されて戦場と化したサラエボにあって、いかにして生き抜くかという情報が詰まっているのだ。実に刺激的な本である。

編者は、テレビ番組制作者などジャーナリストのグループである。ごくありふれた観光ガイドの形式をとるがゆえに、戦場となった都市の悲惨さ、異常さが、ことさらに印象づけられる。特に感銘を受けるのは、記述のなかに、しばしば現れるユーモア感覚である。たとえば「電話をかける」という項目を見ると「国際電話はしばしば通じないだろう。その時は笑うしかない」と書いてある。ユーモアを介しているがゆえに、ことさらにサラエボの悲劇が明快に示されている。

ひとりひとりが都市に対して持つイメージは異なる。だから誰もが普遍的な都市生活の情報を求めるとき、先例のある「案内」という形式に従っていると安心して受容することができる。

逆にいえば「案内」という形式を踏襲することで、未知の都市をある程度、理解することが可能となる。逆に既知の都市であっても、「案内」の定型をはずれると、まったく違う印象をもって語ることができる。

『サラエボ旅行案内』は、「都市案内」という「文法」を、もっとも効果的に使用して、異なる「都市像」を示し得た実例であろう。もちろん戦場ほど過酷ではないが、現実の都市生活にも「案内」が必要な局面が、しばしば生じる。四月、地方から都会の大学に入ったばかりの新入生は、「初めての一人暮らし」を支援するガイドブックの類を買い求める。そのガイダンスに従って、徐々に地理を、そして都市での生活を把握してゆく。

戦地であったサラエボほどの極限状況ではないにせよ、初心者には大都市で生き残ることも、けっこう大変なことなのだ。「都市案内」は、単なる行動指針ではなく、ライフスタイルや土地の習慣を伝える規範の書になっている。

新入生だけではない。私たちも、複雑になりすぎ、かつ変化の速度の速くなった都市で暮らすためには、ガイドブックや地図、そしてカタログの類なしには生きてはゆけなくなりつつある。テレビ番組、映画やイベントの情報、そして新しい都市情報を得るために、タウン誌を買う。またどこにどのような店ができたのか、何がどこで安いのかなどを知らせてくれるチラシも重要な情報源となる。

そこにおいて重要なのは、「都市案内」に記された情報の評価、格付け、ランキングの類である。西欧では、その種の階層化を普遍化させている。たとえばホテルやレストランなどでも、星の数によってランキングしている都市が多い。実際、星の数によって、値段やサービスが違ってくる。おのずと差異を知りうるこの種の評価があるから、はじめて訪れる人でも、安心して店を選択することができる。

しかし日本の「都市案内」は、基本的にはそうではない。伝統的には「番付」という、相撲に由来するランキングの「文法」があった。そこに店などのクラスをあてはめるタイプの「都市案内」も多数、刊行された。しかしあくまでもそれは、相対評価でしかない。どのクラスが、どのようなサービスなのかを明示するものではなかった。今日にあっても同様である。厳密なランキングは業界内の情報で公開されえない。

さらに西欧では、案内の類に否定的な情報が提供されていることもある。たとえばロンドンの住宅地案内には、地域ごとの客観的な評価が記されている。肯定的情報と否定的情報とを併記しながら、判断は読者に任せるわけだ。

ところが日本の住宅情報には「悪い案内」、ネガティブな情報は、ほとんど記されていない。基本的に「良い」という好意的な情報しか得ることができない。業界とメディアとの関係によるところだろうが、「都市案内」にあっても、日本では客観的な評価が成立しえない土壌があるのではないか。

風変わりなランキングの手法を、以前、中国東北地方で見かけた。「幌子《ファンズ》」（huan tzu）と呼ばれる伝統的な店頭看板である。古くからあるサインで、「望子」「商幌」などの異名もある。金属製や木製、板製など種類も多様な立体看板であり、業種ごとにデザインが異なっていた。文字の読めない人でも、また遠目にも営業内容が一目でわかるようになっていた。しかし古式の幌子は、文字看板や絵看板に負けて、いつのまにか廃れてしまった。

唯一、今日まで継承されているのが飲食屋の軒先を飾る赤い「幌子」である。上方のリングは「揚笊」を、そこから垂れている簾状のものは、麺類を表している。またハルビンでの知見では、この都市では幌子の色に意味あいがあるのだという。赤が中華料理、青がイスラム教徒のための料理屋、黄色が精進料理なのだそうだ。戦前の書籍には、赤が上級、下級が黄色、イスラム教徒の店は白か藍色の幌子を掲げるとある。時代とともに意味が変化したようだ。

ユニークな点は、幌子を使って店主自身がみずからの店のランクを定めることができるシステムである。ひとつから四個まで、「うちは旨い」と経営者が宣伝したいと思えば、多く店頭に吊り下げるのだそうだ。

もっとも客の方も、この自己申告を信じているわけでもない。一個か二個しか控えめに幌子をかけていない店でも、旨い場合がある。逆もある。また三個掲げているのは、発音が似てい

ハルビン中心部のにぎわい（上）と飲食店の軒先に下がる、くす玉が割れたような形状の簾（下）。

る「うそつき」という意味で理解される可能性もあるので、目にしないということであった。ともあれ他者の評価ではなく、自己評価の使い方にも地域の文化性があっておもしろい。

3 「都市案内」のなかの都市

さて、プランニングやデザイナーの立場に立つ場合、「都市案内」は別の意味を呈することがある。

「都市案内」は都市を語る際に重宝される「文法」であると、さきに記した。逆に言えば、そこにはその都市の構造と秩序とが描き込まれていることになる。「案内」という情報空間に定位された「虚構としての都市」を解読することで、その都市の本質が浮かび上がってくるという視点も重要だろう。

たとえば京都のガイドブックを開くと、都心にあって特徴的な格子状の街路網に対応した案内がある。その書式に準拠して街を解読するならば、誰もがこの街を理解しやすい。とりわけ自身が身を置く座標から、都市における大まかな所在地を認知することはたやすい。もちろんまちはずれでは、碁盤目状の街路網という枠組みは破綻し、農地に準じた迷路状の市街地が広がっている。しかしモデル化された「大きな構造」から街を理解する目には、その種の乱れは誤差の範囲となる。

あるいはパリのように、広場やモニュメントが放射線状の街路網で結ばれている場合は、通り名や記号で示されたサインを頼りつつ、自身の移動を確認することができる。全体における座標よりも、拠点となる施設や広場との関係性から自身の在処《ありか》を漠然と把握することが可能だ。

もちろん広義の「都市案内」は、日本だけにあるのではない。世界各都市に文化をふまえた固有の形式がある。ここでは論を展開する準備がないが、各国、各民族ごとに、「案内」に関わる伝統を比較すると、文明論的な考察ができるはずだ。

たとえば等しくグリッドパターンの街路網を基幹とする都市にあっても、また放射線状のバロック的な骨格を持つ都市においても、そのガイダンスの基準や準拠点は、その地に普遍的な生活文化の伝統によって、まるで異なってくるのではないか。

また同じ都市を対象としても、まったく異なる視点からの切り取り方が可能だ。以前、あるデザイナーがイタリア人の写真家に撮影を依頼、大阪の英文案内マップを新たに作成したことがある。彼の手に掛かると、中之島や道頓堀など誰もが見知っている風景が、まるで別の街のように見えてくる。日本人が撮るカットとは全然違う風景、別の対象を、違う角度から切り取っているからだ。

地図のレイアウトやデザインのディレクションも、今までの日本人の常識からは少し距離がある。大阪をよく知っているはずの私たちのほうが、外国人向けガイドマップを見て、わが街の新しい魅力を再発見し、意識することにもなる。

4　都市のわかりやすさ

ここで「都市案内」のなかに圧縮された都市の読み方について、詳しい分析を参照することにしよう。

大阪芸術大学教授の田端修（都市計画学）は、十数年ほど前、現代のガイドブックを分析、そこに見られる都市構造について報告をしている。そこでは実業之日本社から刊行されている『ブルーガイド』シリーズの一九八五―八六年版から京都、大阪、神戸、東京の各案内書をピックアップ、そこに描き出された都市構造を読みとっている。

面白いのは、田端が、この時期のガイドブックに、ある転換を発見している点だ。それは、それ以前のガイドブックが名所旧跡や古い建物だけを取り上げていたのに対し、周辺の店舗を紹介する記事が圧倒的に増えているという傾向である。

うがった解釈をすれば、地図の存在意義が薄れだしたということになるのかもしれない。従来は、まずエリアを把握し、そのなかに点在する名所や旧跡の情報を探した。ところがある時期から、まず施設や店の情報を得て、最後にそれがどこにあるのかを地図で検索するというタイプの「案内」、たとえばグルメガイドの類が普及する。別の表現をするならば、「案内」がカタログ化したということだろう。

田端の分析に立ち戻ろう。彼が着目したのは、観光客が立ち寄りそうな店の分布と表記のありようである。たとえば大阪版では、当時から地下街が発達していたから、地下に拡がる商店街に立地する店が多く紹介されている。対して京都では、ガイドブックに登場するうちの過半が町通りに面している。神戸はある程度バランス良く立地していたが、比較的、商店街のなかに名店が多い。一方、東京では、「名店」「老舗」などと呼ばれる店は、銀座などの大通りに集中して立地していることがわかった。

田端は、九八年にも同様の作業を試みたが、すでに体裁が異なっていて、厳密な比較はできていない。観光ガイドブックは、一〇年も定形を保てないということだろう。そこで類似のガイドブックで検討したところ、先に紹介した店舗と街の関係性は維持されていたという。

九八年の分析では、大阪の場合、キタとミナミという二大歓楽地に店が集中していることがわかる。神戸の場合も、三宮、元町のほか駅周辺の地域に集中している。それに比べ、京都の場合は、市内随所に散在する名所・旧跡の周辺を含めて、市街地に広く分布している。観光客の視線から眺めると、大阪・神戸では再開発がなされた都市の一部が名所化しているのに対して、京都では都市域を広く観光のエリアとして利用しているように見えるはずだ。

さて、果たして観光客には、どちらの都市構造がわかりやすいのか。意外なことに大阪・神戸の方が、京都よりも容易に「案内」でき、理解しやすいとする分析が可能である。何よりも観光客が集まる地区が限られている点が、その理由である。商業地区や観光地など、限られたエリアごとに地域特性がはっきりしている大阪や神戸は、部外者にも構造がわかりやすい都市だとみなすことができる。また神戸では山手と海側という方位が、大阪では主要駅や大型の集客施設が地域内における行動の基準点になっている。

だが、格子状の道路網で特徴づけられる京都は、骨格は理解しやすいが、エリアは見えにくい。都心の街区は部外者には均質に見えて、きちんとした単位がわかりにくい。また、周辺に散在する名所の類も、そのまとまりは見えにくい。たとえば「東山」「洛西」というエリアは有名だが、よほど詳しいガイドブックがない限り、部外者には地域内は迷路のように複雑である。

都市のストラクチャーを「大構造」と「小構造」の組み合わせで理解しようという考え方がある。どこにどのような場所があるのかが、大まかにわかる都市の枠組み、すなわち地域や主要施設等から語りうる要素を「大構造」としよう。一方、地区ごとにある細い街路や、さほど目に付かない建築群を「小構造」の要素だと考える。

「都市案内」に託された都市像からも、この双方の関係の重要性が了解されるところだ。京都の場合、「大構造」は理解できても、「小構造」の把握が困難なのだ。双方を把握できていないと、いかなる都市も迷宮のごとき存在になって、私たちの前に立ちはだかる。

現代の都市は、各地域が平準化しながら、他方でそれぞれに複雑になり迷路化している。それを解きほぐすためには、第一に領域をいかに特徴的に表示し「大構造」を語り得るのか、第二には、いかに領域間をネットワークし、つなげて示し得るのか、そして第三には「小構造」を明示しつつ、細部に至る誘導をいかに確保するのか、を考えるべきだろう。

5 観光のためのデザイン

二一世紀における都市像を思い描くとき、先進諸国はもとより発展途上国にあっても、移動する人々の存在と、その成果である交流が果たすべき役割は小さくないと予測されている。日本にあっても、地域活性化を語る拠り所として、また人々の自己実現を可能とするためにも、定住を是とする社会から脱し、交流人口の創出が必要といわれている。

都市においても同様であろう。従来のような住民にのみ依拠する都市計画やインフラ整備ではなく、次世代型のインフラ、あえて名づけるならば「交流基盤」を整えてゆく姿勢があってよい。道路や公園、建築物など、既存の施設群を、住民本位ではなく、住民に加えて都市ユーザー、ないしはビジターの利便のためにも整えてゆくという発想が示されてよい。また、新しいタイプの「交流基盤」を創出する試みもあってよいだろう。

ハードだけではない。都市づくりとは、そこで生活する人々のしぐさやふるまい、生活文化の総体が都市の風景を構成している。住民だけではなく訪問者を対象に、公共サービスなどを含めたソフトの組み替えも行われるべきだろう。以下では商店街を事例に、観光の視点、さらにはビジターへの配慮がいかに組み込まれるべきなのかを考えてみたい。

海外に出向くとき、誰もがその土地独特のにぎわいにふれようと、地元の商店街を散策する。アメリカの巨大なモール、イスラム都市のバザール、アジア各地で見受ける露店街や夜店など、地域の文化とライフスタイルを反映する商業地がある。彼の地では、ごく当たり前の風景や商習慣が、異邦人の目には、物珍しくうつる。土地の文物と生活様式に由来する、この日常性の偏差こそが「商店街観光」の魅力である。

もちろん日本にあっても、同様の事例を見受けることができる。たとえば京都の錦小路、金沢の近江市場、明石の「魚の棚」などは、以前より地元客とともに他からの来訪者が、しばしば訪れる商店街として著名であり、観光ガイドブックにも必ず掲載される。これらに共通する特徴は、その土地でしか手にすることのできない新鮮かつ独特の食材や品物を扱う、魅力的な

金沢の近江市場

個店が並んでいる点だ。

またタイプは異なるが、大都市の繁華街も、ある程度、観光客ないしはビジターを意識して成長してきた特異な商店街と見ることができる。

東京でいえば銀座や上野、あるいは原宿や渋谷なども、大都市観光に欠かせない商業集積である。大阪で探すならば、日本有数の興行街であり、「食い倒れ」を象徴する大衆的な飲食店街である道頓堀なども、江戸時代以来、観光コースからはずれることはない。近年では外国人観光客に人気のある黒門市場や千日前道具屋筋、でんでんタウン、また修学旅行の若者が立ち寄るアメリカ村も、一般客と同様、観光客を集める個性的な商業集積である。

大都市の商店街が、いかにビジターを意識しつつ成立したのか。典型を大阪の心斎橋筋に見ることができる。その成立過程を、簡単に回顧してみよう。そもそも心斎橋は新町廓と船場、そして道頓堀とを連絡する回遊路として発展した。この商業地は、幕末の頃には、夜店のにぎやかさでも知られるようになる。大阪を訪れた外国人の記録を見ると、遅くまで開業している書店や呉服店をひやかして楽しんだことがわかる。

もちろん青い目の異邦人に限らない。日本中から商都に来訪した観光客、仕事で訪れた町人や武士も夜の町筋をぶらつくのが、大阪観光の定番となった。安政二年、母親と大阪を訪れた儒学者・清河八郎も、大阪滞在中に心斎橋の「大丸」をしばしば訪れ買い物を楽しんだ。ただ、彼の日記を見ると、大店なども夜間に営業するようになったのは、近年の不景気に原因があると記されている。その後、明治以降、そしておそらく最近まで、心斎橋筋は、大阪を代表する専門店街であり、観光客もしばしば訪れる場所であった。

6 名物・土産物・商店街

もっとも大多数の商店街は、観光客誘致という発想は薄かったのではないか。近傍から集まる日常的な買い物客こそが、大切な顧客であった。

ところが近年、状況が変わってきた。衰退しつつある商店街を積極的に再生させる方策として、観光振興が各地で検討されるようになってきたのだ。歴史のある商店街でも、大型スーパーの進出、あるいはディスカウントストアやコンビニに客を奪われ、空店舗が増えるところが少なくない。いわゆる空洞化が顕著になった。そこで観光地という魅力を付加した町づくりを強化しようという動きが見受けられるようになったのである。

その典型が、鳥取県境港駅前の商店街であろう。地元出身の漫画家・水木しげる氏の作品に登場する妖怪たちの像を沿道に設置、一躍、観光地として名を馳せた。

あるいは周辺部に新しい集客装置ができることで活性化する事例もある。隣接する北国街道

街中が〝水木ワールド〟。目玉親父の街灯（上）とねずみ男のオブジェ（下）。

沿いに、ガラス製品のギャラリーや工房ができた長浜では、商店街にも客が戻ったという。キャナルシティ博多の開業によって、ホテル群と歓楽街とを経由するルートとなり、観光客にも注目された福岡の川端商店街などもその好例だろう。高知の都心部にある商店街では、消防法の基準をクリア、日本で唯一の木造アーケードを設置し、新たな集客をものにしている。

衰えを見せている商店街だけではない。客観的には、十分にぎわっていると見える商店街にあっても、戦略的に、観光客への目配りを重視する事例も増えてくると考えられる。大型店に関する規制が緩み、今後、スーパーとの競合が厳しくなる。また生き残りをかけた商店街同士の競争も激しくなることだろう。近傍からの買い物客だけではなく、加えて広域からの遊客をひきこもうとするわけだ。

関西にあって注目されている試みを、いくつか記しておこう。たとえば大手筋や竜馬通りをはじめとする京都・伏見の各商店街では、京都府・京都市の支援のもと「観光」を視野に入れた活性化策を実践してきた。そもそも伏見には寺田屋をはじめ、幕末の動乱を伝える史跡がある。また酒蔵を転用したレストランも多い。水路や散策路を整備して、回遊ルートをうまく設定し、情報発信ができれば、有数の観光地となる条件を備えている。ただ何よりも、近隣からの買い物客を集めていた商店街が主体となって、地域全体の可能性を模索しながら、より広域からの集客を模索している点が注目される。

倉を改装した長浜の黒壁ギャラリー

京都・伏見の酒蔵を転用したレストラン

また大阪の天神橋筋商店街でも、日常の買い物客だけではなく、観光客を呼びこもうという試みを展開している。地域にある文化的な遺産を守ろうという「町街《まちがい》トラスト」や、一日丁稚体験、大阪弁スクールなど、ユニークな事業アイデアが実践に移されてきた。アーケードを買い物客のためのサービスと見なすのではなく、ビジターを集める観光資源と認識する視点はユニークだ。

両者に共通しているのは、商店街が自分たちだけの利益を考えるのではなく、地域のことを考え、界隈への集客を試みようとしている点である。従来のように、商店街の振興だけを思っていては、街の魅力は減衰する一方である。

地域への観光客が増え、回遊する人がにぎわいを自己演出することで、街のイメージも好転し、従来にない客層が訪れるようになる。結果的に商店街も潤うことになるのではないか。地域と商店街との共生・共栄をはかろうとする発想が、商店街の振興策に、観光という要素が、これまで以上に取りこまれつつある背景にあるようだ。

商店街を観光客にも開くとは、結局、どういうことなのか。その根底にある思想は、商店街を、さまざまな意味で付加価値を生産する「場」と考えることではないだろうか。

たとえば都市型の観光関連産業、最近の言葉でいえばビジターズ・インダストリーの振興をはかるべきだという考え方について討議する場合、しばしば示されるのが、商店街が主体となって新しい名物を開発しようという提案である。旅人は、記念写真とともに土地の名産を持ち帰る。土産物は、街のイメージを伝える重要なメディアとなる。ただ多くの場合、結果的に、中途半端になるケースが少なくない。

ここで本論の趣旨からはずれるが、大阪土産について、少し、考察を加えてみたい。まずその変遷を簡単に見ておこう。江戸時代には心斎橋筋の呉服屋、そして夜に開業する書店に観光客が集まり、和装品や書画を買い求めた。

明治二十五年に岡本竹二郎が著した『名勝漫遊大阪新繁盛記』では、天王寺蕪《かぶら》・細工昆布・野菜果物罐詰・粟おこし・鯛味噌・鮎飴煮・蒲鉾・瓦煎餅などを大阪名産に挙げている。長期保存できる加工食品こそ、食い倒れのまちにふさわしい土産であったようだ。

次に昭和のはじめに東出清光が編んだ観光ガイドブック『大阪案内』（大阪之商品編集部）を開いてみよう。土産物についての鋭い批評があっておもしろい。まず「交通機関の完備しなかった時代にこそ、珍しいお土産品もあったが、現代ではもはやそのような土産はなくなった」と土産物から「珍しさ」が失われたと指摘する。ことに大阪のような商品集散地には、その傾向がはなはだしい。日本中の、そして世界中の名物が集まっている。長崎名産・静岡名物・下関土産を同じトランクに詰めて持ち帰ることもできる。英国ランカシャーの織物も、オランダの陶器も、同時に購入することができる。

東出は問いかける。果たして大阪ほどの大都市に「郷土色」を感じることができる名産品があるのか。知人や旅館の番頭にたずねると、悩んだ末に「土産は名物の粟おこし」と答えるのが普通であったようだ。大阪で「土産物屋」といえば「粟おこしの店」のことであると誰もが思っているが、全国的には知名度は高い。長期保存が可能な点と、東洋的な味わいが愛されて「海外でも歓迎」されているとある。もちろん、そのほかにも村雨餅・松露団子・蒲鉾・再製昆布・奈良漬といった「大阪名物」の食品はある。しかしいずれも原材料の産地は瀬戸内や北海道だから、郷土色ははっきりしない。また住吉踊人形・小山団扇・天人籠といった工芸品もあるが、どうにも平凡だ。

しかし、だからといって大阪には粟おこししかないのかというと、そうではない。「大阪商品」という「立派な土産物」があるではないかと東出は述べる。精巧で、かつ廉価な商品に「MADE IN OSAKA」という商標をつけ、「誇りと自負をもって旅行者諸氏の前に差出す」べきだ。「大阪ブランド」のついた「大阪商品」を持ち帰ってもらえることこそ、商都の大きな自慢であると東出は主張する。恋人にはデパートや専門大店があつかっている貴金属製品を、愛妻にはハンドバッグや絵羽織を、愛児には精巧な科学玩具を、平和な家庭を飾るためには壁掛や照明器具、敷物の類がよいだろうと東出は推薦している。

「郷土趣味」の強い商品だけではなく、「大阪ブランド」をもっと積極的に売り出すべきではないか、という東出の問題提起は今日においても示唆的である。「大阪の名物」を創造することと、「大阪で名物」を産み出し、販売することの差異を、いまいちど考えてみるべきかもしれない。

7　付加価値を生産する「場」として

パリを訪れた日本の女性たちは、彼の地のブランド商品を買い求めている。たとえば、さらに現代の大阪を例にするならば、タコ焼きや粟おこしといった特産品に頼るのではなく、「MADE IN OSAKA」という商標がついた「大阪商品」の魅力向上を図るべきではないか。「場所」の持つ力がブランドとなった、という構造を強化するべきなのだ。

この議論のなかに、さきの自問への答えのひとつが潜んでいると考える。商店街が観光を意識するということは、そもそもその街が保有している文化や面白味を再認識し、さらには「場」が保有している付加価値を生産する力を改めて確認することにほかならない。

より身近な事例では、大阪のアメリカ村の動向なども参考になる。大阪に遠くから遊びに来た中学生、高校生は、必ずあの界隈での買い物を楽しみにしている。大阪になじみのある九州・四国地方からの客に限らず、近年では関東や北海道からの来街者もあるようだ。専門の情報誌もあって、渋谷とは異なるファッション情報の源という認知が敷衍《ふえん》しているようだ。

彼らは何を求めて、この街に集まるのか。もちろんなかには、ここでしか手に入れることができない品もある。ただ界隈で売っているものすべてが独自の商品ということではない。他と比べて、決して安いというわけでもない。しかし若者たちは、にぎやかな雰囲気を楽しみ、この街で手に入れたという付加価値を求めて足を運ぶのだ。

安さや品質の良さで勝負するのではなく、文化性や生活スタイル、歴史や土地に根差した物語を掘り起こしつつ、独自のイメージ操作を実施、地域固有の付加価値を商店街が自己主張することが、商店街の観光化の第一歩である。みずからを単なる流通業やサービス業と見なすのではなく、より高次の「場所」にこだわった文化産業でもあるという了解から語り始めることで、地域へのまなざしも新たになるだろう。

ここでは大阪の例を中心に述べてきたが、ある程度の普遍性をもって、他の都市についても語りうるところだろう。最後に結論めいた主張を述べて、この章の結びとしたい。

第一には、今後、都市にあっては都心商業地区、ひいては日常の買い回り品を提供する商店街のなかにも、ビジターを意識し、みずからを観光対象と位置づけることで、新しい可能性を拓く事例が増える、という推測ができる。

第二には、商店街がそのような発想に立つとき、従来のように商店街だけに客が来ればよいと見なすのではなく、界隈への集客をはかろうとする傾向があることである。

そして第三点として、このように各商店街が観光客誘致という戦略を持つことで、結果的に線形の商店街を拠点に面的な街づくりへと発展、ないしは地区全体の再編成が進み得るという可能性を指摘しておきたい。

第7章　感覚の装置化

1　「仮想の街」の仕掛け

商店街が、テーマパークに代表される集客装置のデザインに学ぶべき点もあるのではないか。こう述べると逆説めくが、商店街に代表される「現実の街」が、テーマパークなど意図的に創られた「偽物の街」で培われた演出手法を参照するべきところがあるように考える。

たとえば池袋にある「ナムコ・ナンジャタウン」などは、実に面白い事例である。昭和三十年代の街を想定、実に懐かしい雰囲気を醸成している。ここでは他のテーマパークとは違って、

「参加型」「能動型」を売り物とする。迷路のようにつくられた街を入場者はさまよい、謎を解き明かすようなアトラクションが多い。街の随所に面白い仕掛けが用意されている。その数は数百にのぼるという。それを探すだけで、半日は楽しめる。誰もが、施設内のあちらこちらをさわって、何かを見つけようとしている。これほどまでに壁やディスプレイの類、あるいは装置の類に、入場者が触れて歩いている遊園地は世界でほかにないのではないか。

イベントも、ただ単に見物するのではなく、スタッフと来場者が会話しながら、双方向のコミュニケーションをはかりつつ進行することにこだわっている。キャラクターとなっている猫型の機械を持って、偶然出会った来場者同士がコミュニケーションをはかり、自分の猫を育てるというアトラクションも導入されている。

さらに「ナムコ・ナンジャタウン」の運営手法で面白いのは、施設を「街」と捉えている点だ。街は常に変化する。だから経営側は、毎日、どこかを意図的に少しずつ改変しているのだという。ポスターの張り替えや、何か備品を移動する程度のことでもよいようだ。実際の街では、その種の変化は、住民の誰かが偶然行い、結果として目に見えてくるものである。それをマネジメントして、意図的に実行しているわけだ。

指摘されれば当たり前のことと思うが、実はここに集客の本質がある。迷いつつ何かを発見する喜び、誰かと偶然コミュニケーションできる楽しみ、そして日によって、季節によって、時間帯によって、少しずつ違った雰囲気を感じることができること。いずれも大切な、街の魅力である。

この種の仕掛けが、架空の街にリアリティをもたらしている。ナンジャタウンが開業して二年ほどのち、関係者に話をうかがう機会を得た。するとその期間に、一〇〇回以上リピートした人は数知れず、最もヘビーな再訪者は五〇〇回以上もここで遊んでいたという。街のファンを創る仕掛けは、実に巧みである。

2 「嗅覚」と集客

いかに「五感」に訴求する「仕掛け」を集客の場に持ち込むのかという点も、もっと考えられてよい。たとえば「嗅覚」などは、集客の演出要素として、もっと研究するべき課題だろう。

明石海峡大橋が完成した当時、観光客の急増でにぎわった淡路島に「香り」に突出することで成功したと話題になった町がある。歴史的にも「香り」と縁が深い一宮町がそうだ。推古天皇の御世《みよ》、香木が流れ着いたと『日本書紀』に記述がある。これにちなみ、「香り」をテーマとする町おこしを継続してきた。

町内には県立「淡路香りの公園」と町が出資、第三セクターで運営している「淡路香りの館パルシェ」がある。「パルシェ」のなか、「ポプリの部屋」には天井からかすみ草、バラ、百日草など、一一〇種のドライフラワーが吊してある。これを利用して、独自のドライフラワーを制作することができる。またオリジナルの香水をつくるコーナーもある。人気があるのは、ハーブを使った料理とハーブティーが名物のレストランである。

そのほか温泉を付属する宿泊施設、特産品館などがある。もちろん、それぞれに「香り」にこだわりがあり、温泉には菖蒲やビワといった和風の「香り」、さらにはペパーミントやレモングラスといったハーブ湯もある。宿泊施設では、安眠効果のあるレモンバームを下に入れた枕を用意、壁にはハーブの押し花が飾られている。

新聞の報じたところでは、明石海峡大橋ができたとき、七月、八月の二カ月だけで二八万人を集めた。来街者は前年比で五倍となったそうだ。従来は四十代、五十代が多かったが、新施設の開設で急に若者が増えたという。ハーブを主題とした施設では、全国で五指に入る規模といい、全国から三三の団体が集まって「ハーブ・サミット」なるイベントが開かれた。

このような集客施設での成功例を、商店街の振興にも採り入れられないものか。といっても、町中に「ハーブ」をまき散らせと言っているのではない。そんなことをすれば、魚屋や八百屋はたまったものではないだろう。しかし「五感」なるものの本質を、いまいちど捉えなおして、たとえば徹底的に「香り」にこだわり、場所や時期を限って演出や仕掛けに組み込み、町全体の魅力として昇華させることが考えられてもよいのではないか。

3 「五感産業」と街

バブル景気の頃、都市開発やマーケティングのコンサルタントたちのなかには、何かにつけて「五感」に訴える街づくりが重要だという人が少なくなかった。ただ、いささかあやしい概念遊びのように聞こえて、説得力を持っているようには響かなかった。しかし不況下の昨今、巨大な開発事業が頓挫するなかで、さきに紹介した一宮町のように、継続して成功している例があるようだ。

さらには「五感産業」という言葉も流通しているのだという。「五感」とは一般に、視覚、聴覚、触覚、味覚、嗅覚を指す。しかし考えてみれば、おかしなことである。これらの要素は、街のなか、とりわけ商店街のなかにすべてそろっている。にぎやかな光景は、視覚と聴覚を刺激する。商品の手触りも、購入意欲を刺激する。料理店は味で客を魅了するし、香水や化粧品店からは良い香りが漂う。

しかし、あらためて、「五感産業」なる言葉が強調された背景に、何を見るべきなのか。大阪大学大学院教授で哲学者である鷲田清一は、近代都市においては、「視覚に突出した役割を与えてきたこと」そして「接触が巧みに回避される」ことを指摘、そのうえで「人々が、もう一度、全感覚を通して世界と交わる、そんな生活の厚さに渇きだしている」と考えている（「五感に訴える街」『産経新聞』大阪版、平成十年十月七日）。

確かにそうかもしれない。近代の都市生活にあって、私たちはまず第一に視覚に、ついで聴覚に頼るコミュニケーションを重視してきた。たとえば新聞や書物といった文字情報に頼る媒体は、読むという作業を通じて、この世の出来事を広く知らしめることを使命とする。ついで登場したラジオ、テレビ、さらにはインターネットなども視聴覚に頼った情報伝達の手段である。

その種のコミュニケーションが肥大する過程で、私たちは「接触を回避する社会」を構築した。商品と人との間には、ショーウインドーなどのガラスの壁を設け、またカタログのなかに封じ込めた。スーパーの店頭に並ぶ食品は、個々に取り分けられ、ラッピングがなされている。街に流れるアナウンスも機械的だ。テープに録音されたものならまだしも、合成音声などという場合もある。

「接触が巧みに回避される都市」は、結果的に、感覚面において、厚みのない都市空間となる。かつて寺社境内や場末にあった、ちょっと妖しげでおどろおどろしい気配、密度の濃い雰囲気は、順次、消えていった。鷲田は、その種の都市イメージを「肌ざわりとか、匂いとか、気配といった他の裏地をもたない平板なイメージ」と巧みに表現する。

私たちは、感覚の厚みを回復するために、都市生活を、そして都市空間そのものを、再度、デザインし直す必要があると無意識に感じているのではないか。だからこそガーデニングやアロマテラピーなど、香りを採り入れることに夢中になるのだろう。

4 触覚・嗅覚・味覚

以前、ある先端技術の専門家に話を聞く機会があった。二一世紀初頭、情報関連技術が高度に発展することによって、どのような技術が可能になるのか、という話題であった。まもなく一度に発信できる情報量が飛躍的に多くなる。たとえば、かつては空想でしかなかったテレビ電話が、日常化する可能性は高い。現状の商品は、映像が細切れでしかないが、間もなく滑らかな動画を送受信することが当たり前になるだろう。さらには携帯電話などとテレビが合体、衛星からの電波を受けて、誰もが屋外で番組を楽しむ状況になる。

また音声入力は確実に具体化し、自動通訳も、かなりの程度、スムーズにゆくだろう。視覚だけではなく、聴覚に関する部分も、今後わずかの期間で、かなりの進展を見ることは明らかなようだ。

五感のうち、次に確実に情報化するのは触覚だという。端末を多く張りつけたグローブをはめて、ポイントごとに微妙に圧力を加える。それによって仮想空間にある物体の形状、固いか柔らかいか、さらにはザラザラしているか、滑らかかといった手触りまでも、情報として伝播する。実験段階だというが、実用化も遠くないのだそうだ。

また嗅覚も、ある程度は可能である。香水と噴霧器など、匂いのもとになる装置を用意し、その挙動をコンピューターで制御して、映像や音声に対応した匂いを出すことができる。ただ、先に出した香りを換気して消去する装置も必要となる。端末装置のありように頼るところが多く、映像や音声のように、どこでも確実に同じように再生できるかというと、どうも疑わしいようだ。

そして最後に遺らざるを得ないのは「味覚」だという。いかに情報化社会が進んでも、SFに描かれた未来世界にあるように、食べ物や飲み物を遠くに送る「物質電送装置」などが発明されない限り、「味覚」の情報化は難しいようだ。

都市の活性化を考えるとき、当面、考えるべきひとつの方法論が、ここに見出せるように思う。情報化社会でも伝達し得ず、その場所に、わざわざ出向かなければ体感することができない感覚に訴求することが、新たな集客をもたらすはずだ。視覚や聴覚は、距離を置いても到達しうる知覚である。対して触覚や味覚、嗅覚はそうではない。直接的な人の行動を、大いに喚起する要素だと思う。

刻々と街の肌触りを変化させ、そしてそれを発見する喜びを供給すること。あるいは商品との接触、人と人との肌のふれあいを回復すること。さらには時々刻々とうつろいゆく「嗅覚」や「味覚」を提供すること。さまざまな感覚に、新たな意味を付加して、視聴覚に頼りすぎた街の雰囲気に厚みを加える作業が必要なのではないか。

5　空・緑・光――進化する人工楽園

たとえば地下街などが典型だろう。近年、顕著なのは、自然の要素を取り込もうとする演出が増えている点だ。地下街は、都市にあって、もっとも人工的な環境であるといってよいだろう。空気は常に機械によって循環されている。人の手で管理することで、快適な生活の場として維持されている。そこにおいて自然の要素を導入することで、雰囲気を変えることが可能となる。この種の動向は、当然、地下街の景観に影響を及ぼす。

ひとつの傾向が、外光を採り入れる例である。典型が大阪・京橋のコムズガーデンであろう。あえて地下の広場スペースに屋根をかけず、サンクンガーデンに面する地下商店街とした。あるいは大阪駅前のディアモールにあっては、地階から空を見通せるガラスアーケードを特徴と

上空が透けて見えるつくりのディアモール大阪

している。

また、同じ大阪駅前の地下街にあって、西梅田改札付近とヒルトンプラザのあいだを結ぶ通路部分は、外気と通じる吹き抜けとなっている。雨も降り込むし、冬は寒気が流れ込む。開放的な隙間の存在が、地下街という人工空間に身を置いていることで忘れがちな自然の変化を体感させてくれる。植物の存在も有意義だろう。ハービス大阪からリッツ・カールトン・ホテルに向かうあたりに花壇が設けられている一画がある。地下空間に植物を導入する試みも、今後、さらにあってよいだろう。

このような景観をいかに評価するのか。弘本由香里は、近代的な造形のなかに、自然のデザインコードが混じる状況を、大阪の周辺に位置する異界・聖域との関連で説明している。そして大阪の地下街の面白さを、「近代の都市のフロンティアとして誕生したものでありながら、近代的なコードを逸脱する、両義性をふんだんに宿している点」に見出している（「地下街のコスモロジー　魂の救済と発露」『ＳＯＦＴ』第二九号、大阪都市協会、一九九八年）。

昭和三十年代に建設された先行する地下街が実に近代的で機能的であったのに対して、大阪の例で述べるならば、阪急三番街で試みられた造形は、過剰に楽園のイメージを再生するものであった。そこに経済成長の終焉を象徴的にみてとる。さらに近年整備されたディアモール大阪、クリスタ長堀、ガーデンアベニューなどには、より洗練され浄化された「聖性・常世性の発露」があると弘本は指摘する。とりわけクリスタ長堀の広場の造形などは、神殿風のデザインエレメントを礎とし、ガラス張りのトップライトに水を流す演出がある。そこに魂の浄化・癒し・鎮めを思わせる効果を引き出すことに成功しているとみている。

確かにポスト近代の都市造形にあっては、前近代のデザインエレメントが復権し、失われたコスモロジーが再生する可能性がある。地下街の景観においては、究極の人工環境であるがゆえに、その種の聖性が逆説的に復権し、強調される傾向があるのかもしれない。

6　景色から気色――「気配」のデザインへ

最後に今後、どのような地下街の景観が生まれるのだろうか。ひとつには光の演出手法に変化のきざしが見られる。照明デザイナーの面出薫は、照度を重視する従来の設計手法について疑問を呈示している（面出薫・橋爪紳也「光の地下都市　時間をデザインし、都市の気配をつくる光」『SOFT』第二九号、大阪都市協会、一九九八年）。

大阪に限らず日本の地下街では、壁や天井を均質に明るくすることを重視してきた。計量される明るさ、つまり照度の確保を重くみてきた。対して欧米の地下駅などでは五感に訴求する輝度に注目、明るさにめりはりをつけて、落ちつきのある景観を産み出している。地下に十分な光量と太陽を思わせるような色合いの照明を用意して、地上を擬似的に再現するのではなく、照度と色温度を低くして、わずかな光でよいから快適な空間を造形するべきだという。

実際、福岡市の天神にある地下街は、通路側の照度を抑え、店舗のショーウインドーや陳列された商品を際立たせる工夫がなされていた。対して大阪の地下街は、通路も店舗も同様に明るい。明暗や陰影はない。たまたま地下にある商店街なのか、地下通路が主にあってそこに店舗が張り付いているのか、といった認識の差異が見受けられる。

さらには地上から地下に入るシークエンスや、外部の明るさに応じて、地下空間の光も変化があってよいという認識を面出は示す。実際、彼が設計した大阪のOCATウォークの照明は、一日の時間の経緯によって光が変わるように調整することができるという。地下街にも、ただ単に自然の要素をとりこむだけではなく、時間によって、季節によって、また天候によって、変化する景観があってよいだろう。双方向性を意識することで、よりアート性の高い景観づくりの可能性もある。面出は、地下の音や風と、投光を連動させる計画を立てた経験があるという。

今後はわが国の地下商業施設にあっても、「明るさ」だけではなく、「暗さ」を含めたデザインが求められるようになるのではないか。地下街の景観をめぐる議論は、従来のような近代的な「美観」や「均質な明るさ」を中心としたものから、今後は「心地よさ」や「気配」の景観を設計することへと移行することで、新たな段階に入ると思えるのだ。

第8章 景観を文化化する

1 増殖する「懐かしさ」

私たちは、少し前の世代が、そして自分たち自身が産み出した「痕跡」のなかで生きているのではないか。

時間の経緯が「懐かしさ」の対象を増殖させてゆく。近年では戦後復興期、そして高度成長期がノスタルジアの対象となりつつある。私たちの「戦後」は、すでに過去のものとして梱包され、なかで価値のあるとされるものは、ひとつずつ「博物館送り」になっているのだ。初期の公団団地を原寸で再現するミュージアムもある。昭和三十九年当時には時代の先端であった最初の新幹線車両（0系《ゼロ》）は、すでに展示品として欧州のミュージアムに移送されている。

もっとも一方で、戦後復興期、そして高度成長期の風物は、過去のことではない。新たな生命を吹き込まれて、しばしば再生されている。たとえばテレビや映画では仮面ライダーやウルトラマン、ゴジラなどのリメイクがさかんだ。あるいは企業戦士たちが、苦難を克服して新しい技術を創案、また各種の大事業を達成させたあとを追跡するドキュメンタリー番組が人気を集めている。

近過去を懐かしむ風潮のなかでも、「新横浜ラーメン博物館」の例を端緒として、各地に昭和三十年代の町並みを再現する観光施設が相次いで開業したことは記憶に新しい。ノスタルジックな雰囲気が、世代を超えて人気を博している。二一世紀の初頭にあっては二〇世紀後半、すなわち「繁栄した経済成長期」こそが、「古き良き日本」の姿を連想させる時代として、私たちの心の拠り所になっている。

もちろん近過去の出来事は、記録され賛美されるものばかりではない。歴史となりつつある「戦後」の産物のなかで、不要かつ不用とされた事物は膨大だ。なかには消去されることなく、私たちの生活している日常の中に、用を足さないままに放置されているものも少なくない。風景もまた絶えず生産され、蓄積される。一方で絶えず消去される。その均衡のなかにあって、明らかに「遺跡化した風景」、あるいは「風景の痕跡」が大量に産み出されている。私たちは、その種の風景とも、折り合いをつけつつ、新たな開発行為を重ねてゆかなければならないのだ。

2　重なり合う遺跡

一例を挙げよう。たとえば滋賀県大津近傍などは、象徴的な風景が連鎖している場所だと思う。浜大津港から琵琶湖に沿って走る道路がある。東に進路をとると、今日の大津市の繁栄を眺め見ることができる。アメリカ風の外観が人目を引く「琵琶湖ホテル」、オペラの上演も可能な「びわこホール」、パルコなど西武系の商業施設が湖岸に沿うように並んでいる。家族連れやカップルのために造られた、健全で明るい「楽しみの場所」が連続する。

ところが逆に西に進むと、対照的に寂しい風景が点在する。二〇〇〇年の夏、「現代遺跡探検隊」の仲間と湖岸に沿って歩いてみた。港をあとにして競艇場を抜けた先が「紅葉パラダイス跡」である。旅館は、さらに立派になって営業中のようだが、関西では印象的なテレビＣＭで知られた遊園地はすでに閉鎖され、遊戯機械がそのままに放置されている。

少し先には「旧琵琶湖ホテル」が、営業をやめた時のままの姿で遺されている。戦前、滋賀県が国際観光地として売り出そうと考えたとき、官民挙げて建設したリゾートホテルである。和風の外観がおもしろい。文化財的な価値もあるはずで、今後の保存・転用策が望まれるところだ。

やがて雄琴温泉に至る手前に、木の岡の住宅地が見えてくる。その右側に、仮設の塀で囲い込まれた、うず高い「山」がある。爆破解体によって崩れ落ちた、あの「幽霊ホテル」の現場である。国道に面した仮囲いには、暴走族が描いたと思われるペイントがある。門があるが開放されている。立入禁止などの札もない。

そっと敷地をのぞいて見る。草むらのなかに、大小さまざまのコンクリートの塊が積み重なっている。錆びた鉄筋がからみ合い、いたるところから突き出している。一部には、梁や柱、壁が残っている。なかにはコンクリートの断片がいくつか、鉄筋に串刺しになって宙に浮いているところもある。切り取られ、屈曲した鉄骨が、まるで現代美術の作品のように散在していた。

一九七〇年の大阪万国博の際、関西への来客が増加することをあてこんで、地上四五メートル、一三階建て、天然温泉の大浴場と二〇〇室を擁するリゾートホテルの建設が進められた。しかし資金繰りが滞り、工事は途中で止まった。その後、所有者が変わり、日本で初というふれこみの「爆破解体ショー」が実現した。その跡地には、新たなリゾート地が建設されるはず

木の岡「幽霊ホテル」解体前（上）と解体後（下）

であったが、バブル経済の破綻のせいか、果たせないでいるらしい。

あの日、すなわちテレビ中継もあって全国から注目を浴びた爆破解体の日以来、瓦礫は、この地にあって、そのままの姿をさらしつづけてきた。この「幽霊ホテル」では、高度経済成長の「遺跡」がバブルの崩壊後に再度、放置されてしまった。ここでは二重の意味での「遺跡化」が顕在化しているのだ（この瓦礫は、二〇〇一年になってようやく撤去された）。

「幽霊ホテル」をあとにして、さらに北に行くと、経営難で閉園を余儀なくされた「琵琶湖タワー」がそびえ立っている。このように私たちは琵琶湖の湖岸を移動するだけで、高度経済成長期、そしてバブル経済期の痕跡として遺されたリゾート地の廃墟の跡をたどることが可能である。

私たちは、経済成長の「遺跡」と共存する術を持つべきなのかもしれない。実際、西欧などでは、おもしろい転用の試みがある。原子力発電所の跡を遊園地にした事例、巨大なガスタンクを集合住宅に転用した例もある。

フランスでは新オペラ座が建つバスティーユと東部郊外を結ぶ高架鉄道の跡を、「線形」の空間特性を活かし、ほかとは違う色合いのショッピングモールに変更したという。延長一・五キロメートル、二階建てのビルほどの高さの高架軌道の下に、パリの伝統的な職人の技を駆使した商品を扱う店が並んでいる。屋上、すなわち線路跡には、植栽がほどこされて、美しい緑道となっている。この「空中」の散歩道が、貨物車庫跡を再開発した住宅地につながっているのだ。職人の技を再評価したいという地元区長の意向が強かったという。

私たちも不用になった建物は、すぐさま壊すのではなく、よりユニークな転用策を広く模索するべきかもしれない。時代に取り残された「風景」の処理も同様だろう。

3　イベントによる遺跡の活用

もちろんわが国にも、近過去の遺跡を地域の活性化にうまく活用した事例がある。たとえば熱海では、一九九九年、営業を取りやめた旅館の跡などをイベント会場として取り込み、街の「空白」を顕在化させつつ、新たな問題提起を重ねている。

「観光旅館大受難の時代」と雑誌が報じている。バブル崩壊後、団体旅行が激減し、各地の温泉旅館の倒産が相次いでいるというのだ。一九七〇年代後半には、全国の旅館は少なくとも八万軒あったという。しかし現在は七万軒を切り、今後、五万軒にまで減るだろうという予測もある。

日本を代表する温泉町・熱海も例外ではない。名所「お宮の松」に面し、もっとも老舗といわれた「熱海グランドホテル」が閉鎖されたのが九五年十一月のことである。その後、廃墟同然になっていたが、原因不明の不審火が二度もあったことは記憶に新しい。

観光協会は客集めを目的に、ナイトクルージング、芸妓見番を見学する芸能体験といった新規のイベントを試みてきた。なかでも注目された催事が、九九年十月から十一月にかけて第一回が開催された現代美術展「熱海ビエンナーレ」である。

地元在住のアーティストに呼びかけて、四〇人を超える作家が参加、温泉町の随所に作品を陳列した。開催趣旨には「空白」に注目するとあった。まちなかにある「空白」を、さまざまなアイデアを持った人々に開放し、未来に「活かす」ことを訴えている。古いものを壊して新しいものを「つくる」ことばかりであった、これまでの町づくりへの批判がこめられている。

まちなかには、四つの「プロジェクト」が用意されていた。「プロジェクト熱海サンビーチ」は、海岸沿いに野外立体作品を設置、自然とアートが融合した新鮮な景観を創出するものである。「プロジェクト銀座商店街」は、アーケードのポールにミニギャラリーを展開し、同時に店舗内にも作品をおいて、日常生活の場にアートの融合をはかる。「プロジェクト工事フェンス」は建築現場にある長さ四三五メートルの仮囲いを作品化する。「プロジェクト空建造物・空地」は、使用されていない建造物や空き地にインスタレーションを施し、都市の空白地帯を蘇生させようとする試みだという。

なかでも注目された作品が、最後の「プロジェクト空建造物・空地」である。たとえば倒産したホテルを会場とした作品があった。廃業した「ホテルニュー大和」のロビーには、豪華なシャンデリアの下でクルクルと体長五メートルのワニの姿をしたオブジェが回転していた。また「スピレーンII」の周辺にも作品が置かれていた。施主である桃源社にちなんで桃の饅頭を配り、華々しく竣工を祝った商業ビルディングだが、その後、客を迎え入れることなく放置されていたものである。非常階段には「建物内立入禁止」の看板がある。その脇にあるポケットパークに芸術家の作品が配置されていたが、かなりデザインが施された建物の外構にあっては、まぎれてしまって、あまり目立つものではない。

4　廃墟のアート

おもしろさが際立つのは、やはり廃墟に置かれたアートだろう。海岸から、さきに紹介した「熱海グランドホテル」の焼け跡を抜けて裏手にまわると、ぽっかりと青い空が広がっていた。おそらくは、かつてここに温泉旅館かホテルがあった空き地なのだろう。そこに廃車のフレームを塗装したオブジェが何点も置かれていた。まさに「空白」をうまく活かし、廃棄された物品に何かの意味を表現させようとする試みである。

壁や柱、床がむき出しになったコンクリートの部屋のなかに、テーブルや椅子、扇風機など

廃墟空間を利用した美術展
「熱海ビエンナーレ」

日常の生活道具を、わざと傾けて置いている。なかにはピアノ線で吊されているものもある。しかもすべてが黄色に塗られているのだ。洗濯物の吊された竿も、なぜか黄一色に塗装されて、同様に空中に掲げられている。どうにも不思議な浮遊感がある。人がいないのだが、なぜかそこに人がいるような妙な感覚につきまとわれる。

地元での評判を聞いた。週刊誌や新聞でとりあげられ、東京などから見物に来る人を結構、見かけたという。ただユニークな野外展覧会であるという評価と同時に、熱海の温泉町には、それほどつぶれたホテルがあるのかという風評も同時に発信している。果たしてこの催しが地元に貢献しているかどうかは疑わしい、ということだった。

一七年間も廃屋となっていた別荘を舞台とした展示もあった。海を近くに見通せる絶好の敷地に、最上階を温室とする鉄筋コンクリートの棟と木造家屋が建つ。数寄屋造の屋敷の周囲には、かつては雅趣に富んだであろう日本庭園もあるが、いまでは荒れるにまかせている。この廃屋すべてをギャラリーとして、各フロアに作品が並べられていた。温室跡には、古い風景写真と現在の景観をあわせて見せて意味を示すもの、世界の珍しい植物を題材としたものなど、写真作品が出展されている。下の階では、割れた窓を背景に床全面に一円玉を敷きつめた作品、そもそも風呂場であっただろう窪みを利用した作品などがあった。

サッシュ窓の外には一台のモニターが置かれ、映像作品が常時、上映されていた。故郷の肉親へ送った、何気ない手紙の文面を行ごとに数メートルにも拡大、黒字に白文字で抜き書きし、街頭に置いた作品である。画面一杯に白い文字が写る。その前を怪訝そうに眺めながら行き交う人がいる。そんな町の風景がＶＴＲに記録され、廃墟に映し出されているのだ。「言葉」のオブジェとでもいうべきものだろう。

コンクリートの家屋は廃墟という感じだが、日本家屋の方は「あばらや」という表現が似つかわしい。軒は腐りかけ、一部分がくずれ落ちている。縁側は気をつけてそっと歩かないと、踏み抜いてしまいそうなほどの痛み具合だ。木材の切れ端が散乱している。この廃屋の至るところに、錆びた冷蔵庫や洗濯機など廃品を利用したオブジェが置かれている。家の一部を壊して得た材料を利用した作品もあるようだ。一画に制作現場を見せるコーナーもあった。

筆者が訪れた際には、たまたま数人の主婦のグループが見学していた。解説を加えるスタッフとのやりとりがおもしろい。いったいどこがよいのかわからないといいながら、結構、楽しんでいる風情だ。東京芸術大学出身という作家の作品の前では、高名な日本画家の名前を比較に出して、むかしは綺麗な絵を描く人を輩出したのに、最近は変になったものだねと言葉を交わしていた。率直な感想だろう。

廃棄された「場所」に新しい意味を付与する仕事が、今まさに必要なのだ。熱海だけではなく、他の都市でも「バブル遺産」「バブル遺跡」を利用したアート展の企画があってよいだろう。この種のイベントを通じて初めて、高度経済成長が地域にもたらした「光」と「影」とに、正直に向き合うことができると思うのだ。

5 「バブル遺産」を評価

いつの時代にあっても、同時代の文化の選択が、ある時間の経緯ののちに行われる。その結果、あるものは「その時代を象徴する文化」として認識され保存され、またあるものは「再生」の対象として継承されてゆくべきものとして認知される。いずれにせよノスタルジアの対象は無限に増殖しつつ、一方で百科事典の各項目のように整理され、より大きな物語、つまりは「伝統」「歴史」「文化」などという語りに、時間をかけて収斂されてゆく。

もっとも、ゆるやかに変化する生活のありさまを把握しようとする立場に身を置くならば、各時代の「痕跡」と同居している自分たち自身へのまなざしを持ち、「痕跡」をどう処理しているのかを自問自答し、その意義を確認することがあってよい。同時代を対象とした「風俗の考古学」「痕跡の風俗学」などと呼ぶべき視点が必要だと考えるゆえんである。

この視点は、近過去の再評価につながる。一九九九年に『ニッポンバブル遺産建築100』（NTT出版）という本を刊行した。八〇年代末から九〇年代、ある雑誌に連載された建築写真を借用し、筆者がコメントをつけたものである。そこでのねらいは、いわゆるバブル経済期に、都市部および田園などに生み出された風景を肯定的に再評価しようという試みであった。その序文では以下のような問題意識を提示した。再掲しておきたい。

一九八〇年代後半から九〇年代のはじめ、好景気を背景に、それまでにない建築群が出現した。行き詰まりが明確とされたモダニズム建築のあとを受け、ポストモダンの潮流が列島を席巻した。表現上のタブーから解放され、装飾に富み華やかなその様式は、好況の世情に実にマッチしていた。

またポストモダニズムの建築群は、工業化社会の金科玉条であった「合理性」「機能性」「効率」などに反旗を翻す。さまざまな手法で「均質」を打ち破り、「差異」を目に見えるかたちで示す。歴史性に根差したり、物語性に準拠したり、木造の復建をはかったりと、その方法論とアプローチは多様だが、結果的に実に自己主張の強い建築群をもたらした。

状況は大都市に限ったものではない。風潮は地方都市、さらには田園までをも呑み込んでゆく。海浜には、地中海やカリブ海とみまがうようなリゾート施設が誕生、瓦屋根の低い町並みに、巨大なホールや文化施設がそびえ立った。駅前には、奇妙なモニュメントが設けられた。

地方を作り替えた主体は、主として公共セクターであった。これらの事例もまた、大都市における建築表現とは別の次元で「均質」を否定し、「差異」を肯定する試みであった。調和のとれた家並みを生もうとする景観行政に反して、見なれた風景を異化し、従来にないスペクタクルを創出しようとする営みであった。

バブル経済の頃、日本中、いたるところで、それまでにない新しい景観創造がなされていたのだ。これらの建築群に対して、世評はもっぱら辛口の批判を寄せるだけだ。いわく土建行政の産物である、いわく税金の無駄遣いである、いわく器があって中身がないなど――。

しかし私は、ある意味で、これらの建物をもっと評価するべきではないかと考える。改めて眺めてみると、この時期に、デザイン面でも質的にも、かなり水準の高い建築群が誕生している。著名な外国人建築家の作品を、地方で見ることもできるようになった。五〇年、あるいは一世紀ののち、日本という極東の島国が世界に冠たる経済大国を造り上げた証拠として、この時期の建築群の一部が文化遺産となっていると考えるのだ。

拙著でさきに示したこの問題意識は、今も変わるものではない。私たちはバブルの際に造られたストックを大切に使いこなしてゆくことも、宿命づけられているのだ。

6　景観デザインの現場から

景観デザインにおいても同様である。コントロールをなして統一感のある景観を誘導する場合にも、意表をつく景色を創造する場合にも、歴史的景観を活用する場合にも、バブルという経験が各地域の建築家、行政側の担当者、そして市民たちによい試練を与えたと思う。

大都市の都心に広がる空地などを眺めていると、バブルがそれまでの「日本的な景観」を破壊し尽くした、という人もいる。しかしそれも成熟への過程での犠牲であったと、結果を肯定的にみなすべきかもしれない。ドイツのいくつかの都市では、第二次世界大戦で受けた惨状の後を、写真を手がかりに戦前の風景に戻している。しかし私たちの街を、同様にバブルという破壊の前にそっくりそのまま戻すわけにもゆかないだろう。この国の「景観デザイン」は、これからいっそう熟度を増してゆく、と楽観的に考えるべきなのだ。

そもそも「景観」という概念は、外来のものである。現場に根差した「日本的景観論」は、いまだ歴史が浅いと見たほうが正確だ。樋口忠彦によれば、そもそも「ランドスケープ」という言葉は、一九二〇年代に地理学者が使いはじめたものだ。それが「景観」と翻訳されて、日本でも植物学者などが使いはじめたそうだ。のちにイギリスの都市計画家たちが、日常的な生活空間、景観世界を重視する視点から「タウンスケープ」という言葉を用い始める。これもまた「景観」と訳された。そもそも学術的な翻訳語であった「景観」という概念が、一般に使われ、市民権を得たのは、ここ二〇年ほどのことだと専門家はみている（樋口忠彦「日本的景観論の現在」『都市計画』日本都市計画学会、四四巻三号、一九九五年）。

日本的な「景観デザイン」は、どのような方向性を持っているのだろう。樋口は、日本において熟してきた「景観論」の特徴として、第一に伝統的な「風景論」を継承したこと、第二に都市計画・土木・建築・造園という個別領域の垣根を取り払ったこと、第三に現代的な意義について無自覚であること、を挙げている。

ここにおいて注目したいのは、日本における「景観論」は、従前の「風景論」を継承し発展させてきたのだとする見方である。

確かに「風景」という概念は、古くから日本人が議論を重ね、またその意味を深めてきた。季節感や生活体験を無視しては、「風景」を語ることはできない。また自然と人とのつきあい方をも含んでいる。目に映る文物だけを語る「景観」よりも、視覚に偏重しないという点において、おのずと拡張する、かなり幅のある言葉である。「心象風景」とはいっても、「心象景観」という用法はない。誰もがそれぞれに、理想とし、愛着のある「風景」を持っている。「風景」は、時間・空間を超えて人の心のなかにある。外在化させ、普遍化することは難しい。人の感性や本質によって左右されるがゆえに、「風景のデザイニング」は不可能である。

現場本位で考えるならば「風景」と「景観」とに橋を架ける概念が必要だと思う。たとえば地域に根差した「カルチュラル・ランドスケープ」「ルーラル・ランドスケープ」の発想、あえて翻訳するならば「文化景観」という概念を導入することが有効ではないだろうか。

「文化景観」の基礎になるのは、地域の風土、歴史、生活文化に関する徹底した調査と理解、そして質の高い情報として整理することができるだろう。技術的には、イギリスやアメリカでの事例、あるいは日本各地の先進事例が参考になるだろう。マスターアーキテクト制度の導入もあってよい。風水を基盤とするアジア的な方法論の見直しも、あってよいかもしれない。

また、理念等の策定にあっては、「地域」の良いところと悪いところを徹底して見直す作業が重ねられるべきだと思う。より深い次元での地域文化の研究、地道でかつ本質をついた地域景観の分析が不可欠である。

再度、述べておきたい。「風景」と「景観」の中間を相対的に埋めるのは、土着の「文化景観」である。全国どこでも通用する「一般解」ではなく、徹底した「特殊解」である。伊豆・松崎町、直島など、魅力ある地域景観づくりに成功した事例を見ていると、そのままのデザインを写しても他の土地で通用しないことは明らかだ。

7　景観の社会性と同時代性を問う

次に「景観デザイン」の現代的な意義について、無自覚である点について問題提起しておきたい。ふだん現場では、技術として「景観デザイン」を考えるあまり、その背景となった「社会性」を論じる機会は少ない。

しかし現実として、一九七〇年代以降、各地で地域に根差した景観が論じられはじめたのは、高度成長を経験して、土地の風土や地域の歴史を重視しようという風潮がひろまったからにほかならない。しかし高齢化、安定成長期を迎えている今、人々の価値観は、大いなる転換期を迎えている。新しい「景観論」「景観デザイン手法」が創造され得る時期だとみてよいのではないか。「景観」が生活文化に根差しているとみるかぎり、価値観の転換を写すのは当然だと思う。

果たして、人々はどのような景観を、あるいは心象風景を求めているのか。デザイナーやプランナーは、同時代の社会的欲求、共有している理想を、本質的に理解しなければならない。たとえば歴史的景観についても、以前とは欲求のありようが変わっている。環境への配慮は、当然考慮するべき常識となりつつある。社会的な諸条件の変化と人々の欲望が、「景観」「風景」

の本質を根本的にくつがえしてゆく可能性は否定できない。

「景観」とは単に視角に訴求すればよいというものではない。「景観デザイン」は、単に街を美容整形する工学的な「美装」ではない。意味変換と価値判断をともなう高度に文化的な操作、ある種の「文化設計」として認識されるべきだろう。

第9章　恋愛行動の空間化

1　都市と「恋愛市場」

この国が、高度成長と呼ばれる経済発展を達成していた頃、私たちの都市生活におけるありとあらゆる「場面」が消費の対象になっていた。男女がなす「恋愛」も例外ではない。テレビドラマや商品広告など、さまざまなメディアが「恋愛」に関わる、あらゆる「場面」を商品化していった。

とりわけ顕著であったのが、一九八〇年代半ばあたりである。クリスマスやバレンタインデーには、若者はあたかもトレンディドラマの主人公のごとく、みずからを演出して、「豊かさ」という幻想が示す消費生活のただなかで踊っていた。結婚式は年々豪華になり、海外での挙式、新婚旅行も当たり前になった。タレントの結婚式がテレビで中継され、注目されるようになる。

そんな時代にあって、恋愛に関わる「場面」を地理的な空間と結びつけ、とりわけ過剰に演出したのが各地に生まれた新たな商業空間である。ディスコやクラブ、お洒落なレストラン、夜景のビューポイント、カップル二人だけになることが可能な場所など、あらゆる「場所ビジネス」が、若い男女を対象としはじめた。

若い女性客を対象に、彼女たちの嗜好に迎合することで、おのずと男性がついてくる。カップルを集めることが集客のうえで重要だという言説が、無批判に流通しはじめた。うわさや評判をきいて、多くの若者たちが次々と他所からそれらのスポットを訪れにやって来た。住まい、学び、働く場所であった都市を、遊び、費やす「場所」として見せかけることに成功した。「恋愛マーケティング」なるものが語られはじめたのもこの頃である。もちろんはじめに人々の価値観とライフスタイルの変化、、要するに「恋愛観」と「恋愛をめぐる生活文化」の変化があって、それに見合うビジネスが生まれたとみるのが正しいだろう。

しかしこの間、それだけでは語りつくせないということが明らかになったことも確かである。「恋愛市場」は、メディアの誘導によって、いくらでも拡大する。むしろメディアに牽引された消費文化が、私たちの「恋愛観」「恋愛方法」を大幅に変えてしまう。その実態が、誰の目にもはっきりと示されたことの意味は軽くない。

また「恋愛市場」と結びついた「場所ビジネス」の動向を知ることが、都市空間、とりわけ盛り場を読む前提となった。以前、筆者もバブル経済期の若者風俗と、それを消費の対象とする経済文化を映す世相を、都市文化のありようと絡めつつ、「恋愛空間」という概念から論じようと試みたことがある（現代風俗研究会・橋爪紳也編集『恋愛空間』リブロポート、一九九二年）。

もちろん新しい世紀へと移った今日では、高度経済成長期とは状況がかなり変わっている。長引く不況とその影響による若年層の雇用不安などから、身の丈を越えた消費を「恋愛」につぎ込む若者、すなわちデート代やプレゼントに多額をつぎ込む人は減った。結婚式も地味に、むしろ自分流にと考える人が増えている。

しかし一方で、不倫や援助交際などが、倫理的ではないと言いながら日常化したという側面もある。この十年ほどで、私たちの「恋愛」観も、また「恋愛」に関わるライフスタイルもかなり変化しているようだ。

ただ、少なくとも都市にあっては、「恋愛」という行為の包括的に消費の対象とみなす認識、さらには女性の好みを前提としたカップルを対象とする「場所ビジネス」は、質を変えつつも、ますますさかんになっているように見受けられる。ひとたび成立した「恋愛市場」は、閉鎖されることはない。相変わらずデベロッパーや空間プロデュースに関わる専門家は、集客を図る際に、しばしばカップル、とりわけ若い女性を対象とする「場所ビジネス」を、今日においても提唱する。

2 「恋愛技術」の消長

都市における「恋愛」の変化を、文化としてとらえた先人は多い。その先駆けが、民俗学を提唱した柳田国男だろう。彼は昭和六年、名著『明治大正世相史　世相篇』を世に送り、移りゆく世の風俗、とりわけ近世以来の習俗が失われ、新たな生活文化が誕生した「明治」「大正」という近過去の様相を記述している。

そこに「恋愛技術の消長」という一章がある。「恋愛」という日常的で文化的な概念と、「技術」という堅い工学的な用語の接合が面白い。もっとも柳田のねらいは、単に「恋愛」をめぐる諸現象を語ることにあったのではない。より広い意味での「社交」「コミュニケーション・スキル」の動向を概説しようという試みのなかで、いかに「恋愛技術」が変化し、最終的に、この国の家族のありように与えた影響を論じている。

柳田が議論するところの原点にある認識は、かつては大多数の婚姻は、同じ土地に同じ時代に生まれた男女が、互いに「固めの酒」を酌みかわすことで成立していたという事実である。それが明治以降、武家など上流の流儀を本式と考え、近隣での結婚よりも「遠方婚姻」を当然とする「新式」が広まった。各家庭でさまざまな新習俗がもてはやされ、一方で、かつては当然であったライフスタイルが消えてゆく。たとえば結婚とともに嫁と姑が同居するのが当然となった点、あるいは職業化した仲人、すなわち「高砂業」の類が、公的な仕事と認知された点などは、かなり新しい習俗という。

一方では、商家や職人の家にあって、主従の関係を超えて、使用人のなかから優秀な人材を見立てて、娘と婚姻を結び家督を継がせる慣行が、必ずしも継承されなくなった。遊女に心底からの「誠」を見出し、無理をしてでも夫婦となるなどの例も少なくなる。異性との偶然の出会いや、必然性のない見合いを「御縁」という一言で美化し、「行き当たりばったりの幸運」を容認する世になったと柳田はみる。

また境遇の異なるものが隣り合って暮らし、虚構粉飾の行われやすい都市では、「種々雑多の内縁」が現れ、「独り者」でいることの利点も増えていくと考える。そして、「我々の婚姻様式は、おそらくはあまりに整理されすぎた」と結論的に述べ、逆にさまざまの恋愛のスタイル、多様な夫婦のありようが今後、増えるであろうことを言外にほのめかしている。

柳田の指摘をさらに敷衍《ふえん》して考えるならば、重要なのは「コミュニケーション・スキル」が、変容する「時代の転換期」にあって、私たちの「恋愛技術」も大きく揺らぐ、という認識である。またそれが、都市における生活文化や価値観の変容と同調し、響き合っているという了解である。

3　過程なき、緩やかな「恋愛」

この認識は、まちがいなく今日の私たちにも通じるところだろう。「日本」というシステムが揺らぎつつあるこの時期にあって、目にあきらかかどうかはさておき、ある種の「恋愛技術」がすたれ、別の方法論や常識が生まれつつあるにちがいない。では、いったいどのような「恋愛」の方法論が生まれているのか。

ある雑誌の記事で、実に興味深い指摘を読んだ。二〇年ほど前までは、若者は恋人ができると感じが変わった、という。つまりは男女が互いに影響を及ぼし合って、ともに成長していたわけだ。それに対して近頃は、あまり変化を見せることがない。カップルになることで、根本的に生活や信念が揺らぐ若者を知らないという。恋愛が下手になったのか、関わり合いの過程がなくなったのか、と問題を提起している。

ここでは「世代論」をする準備はないが、恋愛の技術に上手下手があるとしたら、むしろ当世の若者は、上手にこなすようになったのかという見方もできるだろう。しかし他方、「関わり」すなわちコミュニケーションにかかわるスキルは、決して巧みであるとはいえないという指摘もある。確かに、いわゆる団塊ジュニアたちは「群れ遊び」ができず、独りで楽に過ごせる時間を好む。さらにその下の世代、二十歳前後を占める「ポスト団塊ジュニア」たちにあって、その傾向はいっそう強まる。

その一方で、彼らは性差や国境も軽く飛び越えて、ユニセックス、あるいはストリート・ファッションに代表される独自の消費スタイルを創造した。商品の中身よりも、「見た目」やその場に自分が「合っているのか」「いけてるのか」といった判断基準を重視する。彼らは、さまざまな価値、情報を等価に扱うことができている。同様に人間関係においても独自の平衡感覚をもってして、従来のヒエラルキーを消し去る方法論を身につけている。

友達関係の基本は、浅く広く、干渉し合わないことにある。携帯電話やメールを通じて連絡し合う感覚的な友人は多くても、信頼できる友はいない。今日の若者たちは「緩やかな人間関係」のなかに生きている。近年の「若者論」には、この種の分析が少なからずある。

もちろん恋愛についても、この関係性は反映されるのだろう。プロセスを踏んで、互いの理解が深まってゆくという、従来のありようは崩れている。たとえば出会ったその日に深い関係となり、また短期間で冷めるプロセスのない恋愛が、日常となっている男女も少なくない。「性」を商品化しつつ「自由恋愛」のふりをする援助交際もまた、この「ノン・プロセス・ラブ」の一類型だろう。若い男女が恋愛を通じて互いに影響し合い、精神的に、また社会生活のうえでも成長してゆくという状況にはない。

セックスに対する意識の変化も同調する。一九八〇年代後半、「性交」を「エッチ」とメディアが可愛らしく呼ぶようになってから、女性も「エッチする」という動詞を、何のてらいもなく使い出した。

同時に「セックスのある友人関係」なるものが成立しはじめた。『レディースコミックの女性学』などの著書で知られる衿野未矢は、ある対談のなかで「たとえば友達同士、大学でも会社の同僚でも、男女数人の仲良しグループのなかでセックスしたり。でもそれが別に尾を引くことなく、あいつとエッチやっちゃったよっていうレベルで付き合いが続いていく」と述べている。

セックスをしたからといって、ただそれだけで彼氏、あるいは彼女となるのではない。逆に友達同士でも、タイミングが合えばセックスをする。そんな風潮を前提に恋人とセックスフレンドなど、複数の異性と同時に交遊していることすら隠すべきことでもない、という了解も生まれてくる。テレビのバラエティ番組などでも、未婚の女性タレントが性生活を自然に語るようになった。もちろん誰もがそうであるはずはないが、ただメディアなどが報じる若者たちの価値観としては、自由恋愛、そしてセックスに関するハードルの低下は明らかだ。

この種の「恋愛観」「恋愛技術」を産み出した背景には、戦後日本の「豊かさ」があると説くのが一般的だ。「団塊ジュニア」「ポスト団塊ジュニア」の世代は、高度経済成長もオイルショックも知らない。何が豊かであるのか、あるいは何が欠落しているのか、という実感が少ない。彼らは関係性を深めることなく、表面的で無難な交際術に長けているのであるという説明がなされがちだ。

4　公共空間における「接触」

では、めりはりの少ない、広く浅い恋愛を是とする世代が、いかなる「場面」、いかなる「場所」を都市に求めているのだろう。あるいは、いかなる利用法を好み、従来にない「空間」を産み出したのか。おそらくは、さまざまな指摘があるだろうが、明らかな変化のひとつは、公共空間における異性間の振るまい方が変わった点だ。

盛り場や駅のホームなどでも、腕を組んで歩きながらキスをする若者がいる。歩幅の違う男と女が、並んで接触しながら調子を合わせて歩くだけでも工夫がいる。加えて移動しながら、さりげなく唇を寄せるのは、さらに高等な技であると、ある生物学者が感心していた。もっともこの傾向は、若者に限るものではない。近年、世代を超えて、公然と接触するカップルが増えてきたと彼は分析する。

確かに三十代、四十代の夫婦でも手をつないだり、腕を組んで歩くカップルが、前よりはるかに多い。これも一種の「西欧化」なのだろう。少子化の社会が進むなか、たとえば子供のいない夫婦などでは、カップル単位で行動する機会が日常となっている。そこにあってスキンシップは欠くことのできないコミュニケーションの手段となっている。

ただ、異性間の接触を公然と示すのは、恋人や夫婦に限らない。親しい友人同士、仲間同士であれば、性別にかかわらず接触することも問題がなくなってきている。そこに、わずかでも性的なにおいをかぎとるのは時代遅れの証明となる。逆に親しくない異性が相手だと、ほんのわずかな接触でもセクシャル・ハラスメントとなりかねないわけだ。

もっとも公共の場、人前でのキスや過激な「いちゃつき」が目立つようになったといっても、まだどこでも見かけるわけではない。また、すべてのカップルが、べたべたと接しているふうでもない。ただ都市にあっては、「私たちは恋人同士」「みんなの前で、イチャイチャできるほど親密である」ということを誇示するパフォーマンスではなく、ごく当然のこととして、だれもがより自然に公然と異性と触れあい、キスをするようになりつつある。従来は人目をはばかっていた振る舞いを、堂々と公共の場で成してしまう。彼らの行動規範が、公共空間の質を変えつつあることは意識されてよい。

5　にせものの「恋愛」

恋愛はある種、空想力の産物である。デートの時は何を着よう、どこで食事をしよう、そしてどう口説こうかとひとりで事前にあれこれ想像する。

ところが、それが相思相愛でない場合、ストーカーのような行動になる。相手の都合は気にもせず、一方的に迫り続ける。ただ愛する人のために時間と努力を払うという点では、地方に転勤した彼氏と遠距離恋愛を続けている人と、行為の質は基本的に変わらない。要するに想像のなかの恋愛と現実との関係が、一致しているか、それともずれているか、という差異があるだけなのだ。

私たちは古くから、文芸作品や映像作品のなかにみずからを投影し、日常生活では不可能な「にせものの恋愛」を楽しんできた。あるいは遊興の巷で働く異性と、擬似的な「恋愛ごっこ」に時間を割いてきた。「仮想恋愛」は、都市にあって、常に「娯楽」に転じるのだ。

その起源はどこにあるのか。たとえば柳田国男は、さきに述べた著書のなかで、わざわざ一節を割いて、「心中文学の起こり」を論じている。

そこではまず、遊女という職業の誕生が説かれている。はじめは港などで成立した「一夜妻」「内妻」「地方妻」の制度が都市に入り、奉公人として遊里に住まわせるようになった。かつては自由に移動し旅をした遊女たちが、大都会のなかの特定の場所に囲いこまれるかたちで、自由を奪われたわけだ。

そこにおいて恋愛が「愚かなる遊戯」に退歩した、と柳田は指摘する。たとえば婚姻に際して執り行われる儀礼のいくつか、たとえば杯のかわし方などが、カリカチュアライズされ、形骸化され、様式化され、なおかつ遊びとなって、遊里の習俗に取り込まれた。たとえば結婚の式に用意する座敷の飾りである「島台」を、廓では常に置き飾っていたそうだ。そこでの宴が、誇張された「にせもの祝言」であるという事実を象徴的に物語るサインである。

廓で発達する芸事や遊びの類もそうである。かつては日常の恋愛にあって、皆が使っていたコミュニケーションの手法が遊里にとりこまれたものだと柳田はみている。「歌や艶書の人の心を優雅にしたものが、今では賤まれて真面目なものは文を用いなくなった。恋をする者より他は使わなかったいろいろの言葉と風姿は、おおかた巻き上げられて、しかも玩弄の種にしかなっていない」（一部現代仮名遣いに変更）と書いている。

要するに「廓の文化」が、私たちの「恋愛文化」を形骸化させたという認識を示しているわけだ。ある領域の芸事や文芸の類を色街がとりこんで発展させたことで、恋愛に関わるある種の文芸が、市井では相対的に衰えたと見ることもできるようだ。

柳田は、このあたりに江戸で流行した「心中文学」の起こりがあると指摘する。恋愛は障害のなかでこそ育まれるという幻想がある。ところが実際は、恋愛をめぐる「技術」がかたちばかりのものとなったがゆえに、恋愛のまねごとでしかなかったはずの遊女との恋が注目されるようになった。「真の恋愛」「情死」は、意外性があり、逆にリアリティを生んだ。死ぬことでしか成就できない遊女との「仮想恋愛」に市井の人々は憧れたのだ。

現代にあって、かつての「廓」のごとき場所や時間はどこに求められるのか。ひとつには多様な風俗産業の興隆がある。コスプレを楽しみ、あるシチュエーションを設定するイメクラなどは、まさに「仮想恋愛」の場である。さらにはホテルヘルスやデリバリーヘルスなど、店舗を持たない、ないしは最小限の店しか必要としない営業も認可されている。より簡潔に擬似的な恋愛の機会を用意してくれる「現代の廓」が、大量消費社会のなかで多様な展開を示している。

一方、「援助交際」という名のお手軽な売春が中学生や高校生の間で流行し、テレクラや出会い系サイトを機会とする「恋愛」も一部の人々には日常となりつつある。障害が高い非日常的な恋愛を求める心性と、それをより簡単に提供するビジネスの均衡が、私たちの都市文化の基調に存在する。

6 「失楽園」という「仮想恋愛」

平成になって「仮想恋愛」への願望が、不倫文学の流行というかたちで世相の表層に浮上した。『マディソン郡の橋』や『失楽園』など、従来のモラルから逸脱した「愛の形式」が支持を得たのだ。

もちろん実際、不倫をわが身のこととして、悩んでいる人は多い。ただその種の人は物語の世界に遊び、楽しむ余裕はない。リアルな「失楽園」に生きている人と虚構の「失楽園」を夢想している人とのあいだには、明らかなずれがある。

あの「失楽園」ブームをどうみるのか。ある評論家は、原作が「日本経済新聞」に連載されていたことから、初期においては「おじさま」たちが流行を支えていたと理解する。とりわけ、女性の方が、あらゆることを男性に教えられてゆく点など、いかにも「おじさんの願望」を反映していた物語であったとみる。

ただ単行本となり、映画化されると、今度は女性、「おばさま」たちからの支持を得た。医者の奥さんであるヒロインは、書道の師範であり、和服を着ていることが多い。一般人の日常から距離を置いたそんな設定が、仮想の純愛に自身を重ね想ううえで不可欠であった。

ともあれあのブームは「不倫」という社会的に否定されてきた概念を「失楽園」といいかえることで、ある意味で救済をなしたといってよいだろう。賛否はともかく、倫理観に劣る恋愛のありようを、改めて陽の当たる場所にひきだすことに成功した。恋愛文化の現在を語るうえでも、特筆すべき風潮であったと思う。

7　レディースコミックと「仮想恋愛」

一方、女性の「仮想恋愛」のありようを大きく変革したのが「レディースコミック」であった。一九九〇年に創刊された雑誌『アムール』は、恋や愛を描き続けてきた「少女マンガ」の世界にあって、性やセックスを中心にすえる作品を提供した。

以降、似たような雑誌が七〇誌ほど世に出たという。今では流行は下火だが、それでも過激な性描写を中心とした「エロ本」、セックスではなく恋愛話を中心とするタイプなどが生き残っているそうだ。前者は表紙に外国人モデルの写真を使い、後者はイラストを掲げているので、書店でもひと目でわかる。読者層は十代後半から四十歳代前半まで、非常に幅広いという。

なぜあれほど話題になったのか。前出『レディースコミックの女性学』の著者である衿野未矢は「女性がセックスに対してオープンに話すというのはいまだに本当に抵抗があるんです。（略）たとえばビデオは手に入れるのが大変だしレンタルにも抵抗がある。（略）コミックというのは安くて簡単に手に入るので、ぴったりだったんだと思います」（「流動する性表現」『木野評論』京都精華大学、一九九八年）と述べている。

男たちは日ごろ、小遣いを節約して風俗産業に通う。あるいはAVビデオを借りる。対して女性は、そこまで「性」につぎこむ気もない。そういうマーケットに登場したのが「レディースコミック」であったわけだ。

もちろんそれ以前にも活字媒体で女性の性を語るもの、たとえば『微笑』や『アンアン』のセックスリポートなどがあった。しかしそこに示されたのは結婚を、つまり一夫一婦制のモラルの枠に収まるものであった。たとえば『微笑』の場合、浮気や離婚を戒めるという女性雑誌のスタンスが制約となる。テレクラや街での異性との出会い、さらにはレイプすら否定しない「レディースコミック」の物語世界とは相容れない。同じようにセックスによって、従来とは違う自分を発見しようという提案であっても、「レディースコミック」は、まったく自由な「仮想恋愛」の方法論を女性たちに提示したのである。

8　仮想現実と恋愛のエンターテインメント化

高度情報化が進むなか、「仮想恋愛」の可能性も無限に広がりつつある。ネット上での「出会い」、恋愛を生むビジネスもさかんなようだ。一方、より身近な遊園地やテーマパークでも、擬似的な恋愛を楽しむ機会が設けられている。

池袋の「ナンジャタウン」には、恋愛を意識したアトラクションがある。機械を携帯、園内を歩いて、他人の機器と交信させつつ、猫のキャラクターを成長させる。それが見知らぬ男性と女性が出会う口実となる。恋愛を育むのではなく、テーマパークのなかで異性と知り合うチャンスを設けようということらしい。

また、後楽園ゆうえんちでは、以前、某テレビ番組とタイアップ、恋人のいない男女を機械でマッチングさせて、即席の恋人をつくり、デートを楽しむ「恋愛テーマパーク」を成功させている。同じようなアトラクションが、数十年前のアメリカの遊園地で発案されていたことを、ふと思い出した。

それは真っ黒なトンネル状の水路を二人乗りのボートで回遊するというものである。ただ入り口が男用と女用の二カ所に分かれていて、それぞれに列をつくる。どういうペアで船に乗るのかは運まかせという趣向だ。「愛のトンネル」という名がつけられていた。

遊園地のプランナーの発想には昔も今も根本的に相通じるところがあるのだろう。それは遊びにきた人同士に、さまざまな出会い、コミュニケーションの機会を用意するという点に尽きる。恋愛へのあこがれを、たくみに「場所ビジネス」に結びつけている。

9 「別離の名所」

恋愛行動を消費の場に結びつける手法として、注目されたのが「名所」づくりである。「恋愛」をめぐる「都市伝説」は、各地に分布している。もっともわかりやすく、また広く集めることが可能な例が、「そこでデートしたカップルは別れる」という「別離の名所」「別れのジンクス」にかかわるフォークロアである。どれほど受け継がれているかどうか知らないが、よく言われる場所は、東京では井の頭公園、関西で言えば、たとえば京都の嵐山などが有名だった。

なぜ嵐山なのか。ある人は渡月橋が問題だという。古来、橋には橋姫という女神がいる。恋人たちが渡ると大いに嫉妬し、二人の仲を断つというのだ。しかしどうも、こじつけであるように思えてならない。

むしろおもしろいのは、そこにあって見出される神話の構造と生成のプロセスである。「別れる」というジンクスが語られるとき、常にそれを防ぐ方法、ないしは抜け道が付け足されてゆく。たとえば嵐山の場合、ボートに乗らなければ大丈夫、あるいは渡月橋を往復すると別れるが、片道だけだと続く、といった具合である。

そのほか関西では、京都の植物園、奈良公園、ポートピアランド、エキスポランドなどにも同様のフォークロア、つまりデートしたカップルは別れるという噂話がある。いずれも公園や遊園地など、もっとも一般的なデートスポットだ。ボートに乗ることができるという点も重要であるらしい。

ある分析では、このような「都市伝説」は初心者向き、ファースト・デートをするような場所で生まれるという。世の常で、一度のデートだけで別れるカップルも少なくない。だから実際、その土地でもっとも人気のあるデートスポットである嵐山や植物園、奈良公園に行って、すぐさま別れる恋人たちが多いのは当然だ。だからこそ、「別れのジンクス」が生まれる。

先年、私のゼミの学生が名古屋で調査を実施したとき、同様の都市伝説が語られる場所として、東山公園の名があげられた。それに対して行政の関係者から、都市公園を悪くいうな、縁起が悪いなどの批判を頂戴した。しかしそれは、明らかな誤解である。さきの説に従えば、「別れのジンクス」が生まれるということは、多くの人たちに支持された、最も人気のあるデートスポットであるということなのだ。たとえば東京では、ディズニーランドにも同様の噂があるのが、なによりの証拠である。

10 恋が成就するウワサ

逆に恋が成就する噂が刷りこまれた場所もある。一例が「展望台をめぐるフォークロア」だ。関東地方にある某タワーの例だが、カップルが錠前をもって登り展望台に張りめぐらされた金網に、それを取りつける。すると二人の恋はめでたく成就するというものだ。ワイドショーなどで取りあげられて、一時、かなり話題となった。神社に絵馬を奉納し、願を掛けるのと似ている。

タワーではなくとも、景観のよい名所を売り出すため、そこに強引に「恋愛のフォークロア」「恋が成就するウワサ」を創作し、うまく流布させようとした例は多い。たとえば愛媛県双海町などが好い例だ。ここでは「美しい夕日」を「まちおこし」の素材とし、「夕日ミュージアム」を開館、「夕焼けプラットフォームコンサート」「夕焼けフォトコンテスト」などのイベントを実施している。双海では砂丘の中央にある突堤を「恋人岬」と呼んでいる。一九九八年春、町はここに高さ四メートルのモニュメントを建立した。上部に直径六〇センチメートルの丸い穴がくり抜かれている。春分の日、秋分の日に、公園から真西を眺めやると、落陽がピタリとこの穴にはまって見えるという趣向である。

広域の観光をうたうパンフレットには「双海町界隈の若者の間では、この夕日を見ると幸せになれると評判を呼んでいる」と書かれていた。どれだけ噂となりカップルが集まっているのかはわからない。ただ単に「夕日がきれい」と強調するのではなく、ここに来れば「恋人たち」が幸せになれるという物語づくりの方法論に注目したいのである。

人がそこに「吉祥」を見出す仕掛けを発想し、加えて願を掛ける装置を置く。やがてその恋がかなえられたとき、今いちど、あの思い出の場所に立ち帰ろうというリピーターを生むことになるだろう。

恋がかなうという噂が、観光地を育くむ例がある。十勝の「幸福駅」などがよい例だ。かつて近くの「愛国」駅で「幸福行」の切符を買うと幸せになれるというふれこみで、ときの国鉄キャンペーン「ディスカバー・ジャパン」のブームに乗って、全国的に話題になった土地である。鉄路はとっくに廃線となったが、駅舎と駅構内のレールは保存され、いまなお年間一〇万人を集める観光名所となっている。

その駅舎が実におもしろい。この地を訪れたカップルが、幸せになれるようにとプリクラや写真、メモなどを壁や天井に張って帰る。なかで目につくのは、なぜか交通違反の反則切符で

廃駅となった今でも多くの人が訪れる幸福駅

駅舎内には神社の絵馬のように、幸せや恋愛に
関するさまざまな願い等が貼り付けられている

ある。小さな建物の天井は、つり下げられた反則切符で埋め尽くされ、まるで神社の祠のようになっている。なぜ反則切符なのか不明だが、自動車で訪れるしかない観光地ゆえの現象かもしれない。

かつての幸福駅の駅前に、私製の「幸福駅入場券」を売る土産物店がある。その名物店長に話を聞くと、ここには親に内証で交際しているカップルも多く来るという。恋愛の成就を願い「幸福」への入場券を買って帰る。親にうちあけ結婚までたどりついたカップルから届いた礼状や「結婚しました」という写真入りの通知状を見せてくれた。お礼参り（？）に再訪する人もいるそうだ。駅舎が、まさに恋愛の神のやどる社となっている。世界にもまれな「鉄道記念物」だろう。

同じような「恋愛名所」「恋愛観光地」は他にもあるだろうか。少し前、『マディソン郡の橋』がベストセラーになり映画化されたのち、ロケ地となった橋を訪れるツアーが企画されていた。あるいは、古くは貫一・お宮の悲恋のあと、熱海の海岸などもその例だろう。関西で探すなら、流行歌で知られた法善寺横町や、恋に破れた「ひとり旅」の女性が足を運ぶ大原三千院などを想起する。

メディアが共同幻想として創り出す「恋愛名所」を探ると、どうも悲恋の地のほうが人々に強く訴えかけるところがあるようだ。「幸福駅」のごとく、恋愛を支援し、ハッピー・エンデイングを約束する「恋愛観光地」は意外と少ない。

11　ゲームセンターのなかの「恋愛名所」

恋愛を補助する装置として近年発達したのが、都市型の遊園地やゲームセンターである。都市にあるアミューズメント施設には、カップルのための「最小の空間」が組みこまれている。そんな「カップルのための装置群」のなかで、目につくのが「占い機械」の類である。ふたりの相性はどうか、未来がどうなるのかを、コンピューターに占ってもらう。ハイテクを駆使した機械仕掛けの箱のなかに、私たちの民間信仰もとりこまれている。最新型の電脳世界が、まじないや占いの世界に最も近い、というあたりがおもしろい。

もちろん「まじない」「占い」のほかにも都市型の遊園地には、恋愛を支援する装置が多数、埋め込まれている。たとえばジェットコースターなどの絶叫マシーンは、まだなじめていないカップルの味方である。まず行列をして待っている間に、どれだけ怖いのだろうかと話題を提供する。さらに宙を回転し、地に向けて急降下したあと、二人の親密感は増す。安全に「恐怖」と「楽しさ」を共有したという感覚を持つことができる。

以前、ある遊園地のプランナーに、カップルが身体を接触する機会を用意することも大切だ、という話を聞いたことがある。たとえば神戸ポートピアランドにある高速道路を模したコースター、あるいは「急流すべり」などを称するウォーターシュートの類を思えばよい。この種のライドでは、カップルは左右に座るのではない。前後に並び、腹と背を密着させて席に着くように設計されている。手もつないだこともないカップルにとっては、コースターに乗るという経験が、異性の肌に触れる口実となるのだという。プランナーは、そこまで考えているのかと妙に感心したことを覚えている。

あるいは観覧車も別の意味で、恋愛を補助する遊具として定着した。空中にゆっくりと浮遊するゴンドラは、遙かな眺望を与えてくれると同時に、二人だけの親密な時間と空間を用意してくれる。

ただ問題は、他のグループやカップルと相乗りになる場合だ。せっかくのチャンスを無にすることになってしまう。それに対して、新たなオペレーションを採ったのが大阪の海遊館・天保山マーケットプレースに設けられた観覧車である。ここではいかに行列が長くなっても、グループごとにしかゴンドラに乗せないという方法を採択した。カップルは他人に邪魔されることもなく、二人だけの空中散歩を楽しめる。当初の予想以上に好評ということだ。

また「お化け屋敷」の類もカップルのためにある。とりわけライド（乗り物）型ではなく、闇の中を自分たちで歩いて見て回るタイプの場合、仕掛けの前後で、男と女は手をつなぎ、あるいは腕を組む。男は勇気を持って先に進み、彼女に良いところを見せることができる。ともあれ現在のアミューズメントパークには、カップルの接触をうながし、身体的にも心理的にも距離を縮める趣向で満たされている。

12 新たな恋愛風俗

人間という霊長類の進化を長い目で見ると、かつての「乱婚」に近い状態から、一種の倫理観のもと、一対一の婚姻を求める方向に、おおよそシフトしてきたとみようとするのが、古典的な人類学の通説であるのだろう。だとすればセックスにかかわる障壁を低くする現代人は、進化を逆に戻りつつあるのかもしれない。

しかし奇妙なことに、セックスレスのままで異性間の友情を成り立たせるのも人間である。一九九〇年代になって、クラブを中心に遊んでいる若者たちの間で、男女一緒に「雑魚寝」することが当たり前になったと指摘する人がいる。あるいはゲームおたくの連中なかでも、一人の女性と数人の男が朝まで一緒に過ごすことに違和感はないようだ。もちろんそれが乱交につながる場合もあれば、まったく性的な意識がない場合もあるという。

あるいは男が女友達を家に招《よ》んだり、逆に女性が男友達を家に招くことも当たり前である。

音楽を聴いたりゲームをしたりして、一対一で遊んでいるだけで朝まで何も起こらなくても当然だという。特別な関係になりたいからこそ二人きりになるという感覚は、一世代前のものであるようだ。このあたりから、最近の若者における「性欲」の減衰を懸念する意見もある。

クラブで遊ぶ若者たちの行動パターンは、クリスマスイブやバレンタインデーといった「特別な日」の過ごし方さえも変えてしまった。ほんの十年ほど前、バブルがはじけるまでは、誰もが恋人との特別な時間をどう過ごすべきかを真剣に悩んだ。気の利いたレストランや夜景の美しいシティホテルを押さえ、ブランド物のプレゼントを準備し、手間と金をかけて、みずからの愛情を示す機会となった。

逆に、この種のイベントにあって、相手がどのような行動をとるかで、気持ちの深さを計り知ることができた。しかし昨今は、それほどの意味づけはない。クリスマスイブであっても、恋人と二人というよりは、クラブをまわったり、ホームパーティーで皆で朝まで騒ぐぞという若者が増えているのだそうだ。

若い未婚の男女がともに騒ぎ、ともに朝まで一緒にいる。それは前近代、「村社会」で実施されていた「歌垣」の類を想い起こす。ある村では祭りの夜、集落中の灯りを消して闇とし、若者たちは皆でひとつの部屋に泊まって雑魚寝をした。それは日頃、口にできない恋心を成就させる機会となったという。クラブに代表される若者の遊び場は、新たな恋愛のスタイルを創造する「場」でもある。

13　文化としての恋愛

もっとも、その種の新しい習慣を肯定してばかりもいられない。果たして同時代の文化と称してよいほどに、社会にあって是認されたかどうかが疑わしいのだ。

もちろん「恋愛」にかかわる諸文化も、民族ごとにかなり異なる。聞くところ、ラテン系の国では、三歳、四歳の子供でも、男と女との差をある程度、意識してふるまうという。たとえば異性からもらったプレゼントは、次回、相手に会うときに必ず身につけるよう親から教えられるのだそうだ。会話や振る舞い方など、異性を口説き、あるいはうまくあしらう技術を、子供の時から教育され、それぞれが実践を通じて学んでいる。

一方、日本ではどうかというと、少なくともその種の文化は熟していない。中学・高校と、受験戦争にまきこまれているからだ。人生でもっとも忙しい時期に思春期を迎え、異性に関心を持つ。先輩や友人、テレビや雑誌からの情報を頼りに、各自が何となく交際術を身につけてゆく。そして準備期間のないままに、身近な異性とあわただしく恋愛関係を持つようになる。そこでは従前にあって当然とされていた交際の規範や文化よりも、流行や同時代的な価値観が優勢となる。

　戦後五〇年、経済成長を唯一の進歩と見なす社会において、私たちは男女間そして親子間に関わる付き合い方の方法論、ひいては「恋愛の文化」をつくることを怠ってきたのではないか。戦前、私たちは国家のために家族があるという考えを押しつけられた。結果、家族は不幸を耐える最後の「よりどころ」となった。

　しかし戦後、状況は一変する。高度経済成長の後押しをうけて、膨張する都市の真っ只中、若者は未熟なままに、近くにいる異性と速成の恋愛をした。また従来型の見合いであっても、他者から押しつけられることは拒む。自身が好きになったからと納得のうえで、初めて所帯をもつ。いわゆる「見合い恋愛」なる言葉が通用するようになる。

　ところが一九六〇年代なかばに都市住民の過半がサラリーマンとなり、男たちは「会社」に従属、女性は「育児」「子育て」という労働に専従するなかで、夫婦間のコミュニケーション文化は成熟をみてはいない。子供を媒介としないと語り合う主題にも乏しく、体験・情報・感情を共有できないカップルが増えている。そして七〇年代後半からは、登校拒否、家庭内暴力、摂食障害、校内暴力、いじめ、援助交際など、都市を舞台とする子供たちの問題が激化する。

14　都市問題としての「恋愛」「家族」

問題は複雑に交錯している。積み残されたままだ。しかしこの種の課題は、各個人のものとされ、議論の場に示されなかった。あるいは「教育」という枠に封じられていた。それに対して今後いかに解決をはかるべきか。

ひとつには夫婦をはじめ、多様なカップルが単位となり、喜びや楽しみを分かち合い、その経験を通じて価値を共有し得る「文化」をいかに創り出すかという点にかかっていると考える。いかに豊かに、ともに人生を過ごせるのかを考え、夫婦のきずなとなしてゆくべきだ。さらにいえば、親と子供のコミュニケーションに関わる文化も、構築し直す必要があるだろう。

性別によって社会的な分業をなし、生計への不安と子供への思いから離婚を控えるという旧い「家庭文化」はすでに破綻を見た。結婚をしないシングルや、複雑なジョイント・ファミリーも増加している。

住む場所、働く場所として、いかに最適で効率的かを求めてきた戦後の都市計画から脱皮し、文化や芸術、娯楽などのサービスに重きを見る「まちづくり」への転換を解く根拠のひとつがここにあるのではないか。都市は多様な家族の生活を受け入れる器であり、またそれ以上に

「恋愛文化」、さらには「家族文化」を私たちが創造してゆく「現場」として、計画がなされてゆくべきだと確信する。

たとえば、より現実的な課題として、都心の空洞化を防ぐべく、各都市が新婚世代への家賃補助、子育て支援などを政策としつつある。単なる住宅政策ではなく、「恋愛文化」「家族文化」を私的なものではなく公的なものと認識し、社会化しようという試みと評価することも可能だろう。

第10章　劇場都市のヴィジョン

1　劇場としての都市

都市を劇場とみなし、さまざまな出来事を組みこもうという発想は、一九七〇年代以降、さかんに語られるようになった。当初は「劇場国家」論などをふまえつつ、また「都市神殿論」などとリンクさせながら、その機能そのものを俯瞰的に論じようとする例が目についたように思う。

回顧するならば、都市にさまざまな出来事を埋めこみ、集客を企てようとする試みは古くからあった。もっとも今日私たちが了解しているアイデアや方法論が成立するのは、新聞や雑誌などのマスメディアが成熟し、百貨店などの商業資本が情報を操作した明治末から大正時代のことと見てよい。仕事のためではなく、ただ遊ぶために、あるいは何か出来事が起こることを期待して、多くの人々が都市に動員された。

その種の「仕掛け」が、高度経済成長を経た一九八〇年代にあって著しく発展を遂げ、消費社会が限界まで高度化する風潮を背景に、とりわけ商業地の開発手法に応用されるようになった。たとえば渋谷を典型とするように、劇場や美術館を核とし、物語性を街に付与してゆく「タウンマーケティング」に基づく開発手法が普及する。また地方でも、町おこし、村おこしなどの一環として、「劇場都市論」を一種の方便とする開発事業が各地で具体化してゆく。

もちろん今日においても、やはり都市は劇場である。繁華街を行き交う人は、他人の視線を意識している。都市には「見る—見られる」という関係性で満たされている。いかに情報化が進んでも、百貨店のウインドーは新しい流行を事前に告知するニュースソースであるし、街頭の電光ニュースに足を止める機会も少なくない。何かのキャンペーンがあれば人垣ができ、ストリート・ミュージシャンの前には人だかりができる。都市のなかには、いたるところに不意に舞台に転じるスペースが用意されているのだ。

ただ、状況は変わろうとしている。景気の先行きは不透明であり、都心商業地区の空洞化が語られている。たとえば郊外型のショッピングモールのように、徹底的に管理され、意図的に隔離された消費の場にあっては、従来型の「にぎわい」の創出も有効だろう。しかし現時期においては、誰もを過剰な消費にしむけるという目的で、いたずらに公共空間に「お祭り騒ぎ」を用意することの意味は薄れている。

いかに人を集めて消費を促すのか、という「商業の論理」から街を劇場とみなす視点には限界がある。たとえば「文化の生産と消費」「環境」「福祉」「教育」等、異なる文脈から、また複眼的な視点から「劇場としての都市」が語られるべき段階にあるように思う。

さらに単純に考えるならば、「劇場都市」において活躍する人々の意識が、変わろうとしている点も重要な論点となろう。都市を舞台としてパフォーマンスをなす演者と、彼らを見物する観客、そしてその種の場所と出来事を産み出す仕掛人たち。都市に「見る—見られる」という関係性をつむぎ出す当事者たちにも、新たな方法論と新たな役割が生まれているように思う。

ここでは特に具体的な事例に即しつつ、「消費の場」の理屈を超えた地点に、「劇場都市論」を更新する論点を模索してみたい。都市の劇場化を促す新たな意義と仕掛けについて、そして新たに仮定できる「演者」と「観客」のありようについて、思うところを述べてゆきたい。

2　静岡での実験

都市を劇場化する試みとして、新しい可能性を示していると思われる例を国内に探してみる。たとえば静岡で毎年十一月初旬に開催される「大道芸ワールドカップ・イン静岡」などは面白い。世界各国の大道芸人がこの地に結集し、街頭で妙技を競い合う。一九九二年、「人の集まるまちづくり」を目指す市の事業としてはじめられた。サッカーや芸術の振興、コンベンション都市の振興とともに、二一世紀の静岡を支えるまちづくりのソフトとして注目されている。

静岡の「大道芸ワールドカップ」は当初、世界一の芸を競うワールドカップの部門と、日本一を目指すジャパンカップとで構成されていた。例年、駿府公園と商店街に二五ほどの演技ポイントが設けられ、競技に参加しないパフォーマーも含めて、数十組の芸人が自慢の演技を披露する。

このイベントに注目したい理由のひとつは、市民参加の方法論にある。企画・運営を一般市民で構成する実行委員会にゆだねる点、また専門家が優劣を判断するのではなく、審査員を一般公募によって選ぶ点など、市民そのものに基本的な運営を委ねているのだ。当日には、メイクアップ、通訳、ピエロ役の「市民クラウン」など、毎年数百人もの市民がボランティアとして活躍する。

その期間、観光客と市民の歓声が響く街の中心部には、一〇〇円で売られている赤い鼻をつけた「にわかピエロ」たちがあふれる。普段、市民生活の場である街を、仮設の劇場に改めるという発想がユニークである。舞台となる商店街が、そもそも魅力的だ。中心が呉服町である。かつては「府の正中で往古よりの町」「府の本町」といわれ、江戸時代から駿府の核であった。界隈には伝馬を扱う友野家をはじめ、大黒屋などの豪商が軒を連ねていた。今日も小売商と百貨店が並ぶ、モダンでかつ庶民的なショッピングモールである。

照明の美しい噴水で名所となった常盤公園までのびる青葉通りには、街路中央の公園にパブリックアートがならんでいる。水圧で回転するトリッキーな壷のモニュメントや音を奏でる石の彫刻群をはじめ、いくつものパブリックアートが置かれている。世にあるパブリックアートのなかには、威圧的で、市民に愛されない巨大なモニュメントである場合が少なくない。それに対して「青葉シンボルロード」の例はあくまでもヒューマン・スケールであり、見て楽しいものだ。

パブリックアートという点では、七間町《しちけん》通りでの試行もユニークだ。ここは大正時代には一〇を超える映画館がならび、興行街としてかつてない繁栄を見たところだ。そこで「七ぶらシネマ通り」と称し、路上に古い映写機械や名画のポスターなどを収めた展示ブースをいくつも

大道芸ワールドカップ・イン静岡（2枚とも）

大道芸ワールドカップ・イン静岡

設置、他にないストリート・ファニチャーとしている。「路上ミュージアム」といった趣向である。なかでも天気予報を兼ねた「からくり時計」がおもしろい。二時間ごとに人形が現れ、音楽とともに踊って、八時間から一〇時間後の天候を教えてくれる。晴れる場合は少女、曇りは紳士、雨天の場合は傘をさした貴婦人の人形が出てくる仕組みだ。この種の日常的な舞台装置が、年に一度の「お祭り騒ぎ」と、実にうまく調和している。ハードとソフト、両面のバランスが重要であることを思い知らされる。

一九九六年度の統計では、イベントは四日間で一五六万人を集めている。経済波及効果は二五億円と推定されている。市内の宿泊者数は前年比、三割増であったという。この「大道芸ワールドカップ」は、経済面での活性化と等しく、あるいはそれ以上に人の活性化をはかるものと位置づけられ、またその面からも高く評価されている。

従来、静岡の市民気質は「主体性がない」「引っ込み思案」「積極性に欠ける」などと形容されがちであった。リスクを避けて常に安全策を模索し、新規の、突出したアイデアには常に否定的である。この静岡人気質を指して、地元では「やめまいか」という一言で象徴させることが多い。ちなみに「人」と呼応する「地域」のイメージは、「住みやすい」「豊か」「人がよい」「おおらか」「開放的」という肯定的な表《おもて》の評価がある一方、その裏には「文化的に不毛」などという批判が用意されている。

また、データなどから検証できる静岡の地域イメージとしては、「万事に平均的」と語られることが多い。都道府県別にまとめられたさまざまなデータを眺めても、おおよそ二〇位程度に位置することが多い。新聞記事などにも「平均県」という自己表現が散見できる。実際、新商品のテストマーケティングを静岡で実施する企業も少なくないと言う。

この種のセルフイメージ、すなわち「やめまいか」気質からの脱皮をはかることが、ここでは地域の課題のひとつになっていた。「大道芸の競技会」なる意表を突いたイベントが創出できた背景には、観客に働きかけパフォーマンスそのものにも引き込んでゆくこの種の芸能が、より積極的にまちづくりに参加する市民を育成するうえで有効だという判断があったようだ。

3　演者から観客への働きかけ

数年前の例であるが、大会のパンフレットには、次のような問題意識が記されていた。

「静岡は、住みたい町、住みたい所の人気投票で、いつも上位にランキングされる町。でもおもしろい町だとは、住んでいる人はあまり思ってこなかった。いい所だけどおもしろいところではない。でも、だからといって何かをかえようとは、積極的にはしてこなかった。昔は将軍様の御膝元、黙っていても街はおカミが何とかしてくれる。住んでいる者が何かをする必要も、力もなかった……この街のシャイな気質は、ちょっとブレーキ。だったら、世界の表現豊かな人たちと静岡の街の人たちが出会えば、少しずつでも変わるのではないか……」

実際、初回は大道芸人たちを遠巻きにし、ただ単にパフォーマンスを眺めているだけだったという。しかし回を重ねるに連れて、市民の多くが、積極的に路上の演者と交流するようになったという。従来にない都市の使い方、楽しみ方、ひいては新しい生活様式を提案することに成功している。

地域活性化を標榜しつつ各地で展開されているフェスティバルの類のなかには、たとえ観客を多数動員したとしても、その内実は一過性で、かつ主催者の自己満足に終わっている例が少なくない。また大都市の文化行政は、専門家に判断をまかせ、格を重んじるあまり、オペラや歌舞伎など、評価の定まった芸能だけを推進する傾向がある。

もちろん静岡でも、舞台芸術公園やイベント兼コンベンションの拠点「グランシップ」等を整備、「舞台芸術」に特化した文化事業を展開している。また県立美術館に新設された「ロダンウイング」等は、世界に誇るべき施設であると思う。それに加えて「大道芸」という実に庶民的な芸能にも着目、地域の人材を登用しつつ街の活力とすることに成功した。「静岡方式」とでも呼ぶべき方法論を確立した意義を評価したい。また競技会形式を導入したことで世界から注目され、市民の誇りとなる行事へと育むことができた。静岡の「大道芸ワールドカップ」

は、まさに市民を巻き込みつつ、都市の劇場化に成功した。近年発案された市民参加型イベントのなかで、最も効果的な事例といってよいだろう。

特筆したい点は、パフォーマーと観客をきちんと区分するのではなく、双方が常に働きかけ合う仕組みが確保されているところだ。観客のだれもが、状況に応じて演者に転じることができる。演技者と観客の交流、あるいは融合を促すソフトを埋め込んでゆくことが、「劇場都市」の今後を考えるひとつの鍵ではないか。

都市を劇場の隠喩として把握するとき、街を徘徊する群衆は、舞台の上で何かの役割を演じるパフォーマーであり、同時に観客という役割をあわせ持つ。両義的な性質の存在として、おのずと振る舞わざるを得ない。にぎわいの場において、双方の役割を果たしている群衆のひとりひとりは、誰かにコントロールされているという自覚はない。しかしある時代、ある地域に限ると、その振る舞いや、みずからの演じ方には、ある種の規範を見て取ることができる。たとえばファッションや持ち物、言葉遣い、立ち居ふるまいに至るまで、にぎわいの場におけるすべての言動は、その瞬間、その場にふさわしい自己演出を、一人ひとりがはかっている。

おもしろいことに、ほとんどの人は、かつてのように、盛り場を「ハレの場」と意識していない。若者は同時代の若者らしく、大人は同時代の大人として適切な範囲で、自分という存在を表現している。自由に自己を演出しているつもりで、雑誌やテレビといったメディアから得た知識を総動員し、ある枠のなかに収まるよう自主規制を実施しているのだ。

このあたりに、都市におけるにぎわいの本質の一端があるように思う。一人ひとりが思い思いに自由に騒ぐ場所では、にぎわいは量として把握できるものではない。花見の宴会や暴動のように、無秩序な乱痴気騒ぎしか生まれない。ところが皆が、ある程度、みずからを律し、全体の秩序にいくぶん従うことで、誰もが共有できるにぎわいが創出される。暴徒は、ある目的を持った群衆に整序化されるのだ。

この種のにぎわいを考える際、モデルとなるのが、たとえばスポーツにおける応援のありようだろう。競技場を俯瞰するならば、グラウンドのなかに演者がいて、観衆はスタンドに囲いこまれている。しかし観客のなかにも、さまざまなパフォーマンスをなす人がいる。実際、試合よりも応援する人たちのパフォーマンスを見ていることが楽しいケースもある。観客は、ただ単なる傍観者ではない。

サッカーのフーリガンの例を出すまでもなく、なかには何かの統制を受けなければ、一発触発で暴徒と化す熱狂的なファンが混じっている。逆に応援がなければ、盛りあがりに欠けてしまう。彼らをいかに統制するのかは、各競技団体が、あるいはプロスポーツをマネジメントする側が、さまざまに試行錯誤してきたところだ。そこには楽しく、かつ一定以上の混乱が生じないように、さまざまな規範が用意されている。全体の応援を誘導するリーダーがいて、ファッションや応援グッズも規格化がなされている。にぎわいを創出する演出のなかに、同時に、にぎわい統制する仕掛けが含まれている点にこそ、学ぶべき点がある。

4 「交流社会」における演者と舞台

さて二一世紀において、いかなる生活様式や価値観の変化が起こるのか。さまざまな潮流の予測が流布しているが、ひとつの典型的な論旨が情報化や国際化の進展を前提に、世界規模で人がさかんに交流するという、すなわち「交流社会」の具体化を予言するものだ。

その論拠はさまざまだが、日本を想定するならば、おそらく確実なのは、生活時間のありようが変わるという予測だ。楽観的に見るならば、情報化社会の高度化が、従来、人の手に頼っていた仕事を軽減する。労働時間の減少は、かつて貴族が労働から離れて文化的生活を享受したように、人々に自由な時間を与えるだろう。趣味や稽古ごと、園芸、買い物、社交、観劇、スポーツ、旅行等に、今日以上に時間を消費できるようになるのではないか。

この時間消費の変化は、生活空間のありようさえも改める。情報ネットワークの構築が進めば、都心のオフィスに通勤するというライフスタイルすら過去のものとなる可能性もある。週のうち何日か都会で働き、あとは田舎に住む、ということも不思議ではなくなる。地方分権を背景に、スモールオフィス、ホームオフィスなどの新たな在宅勤務の流行、ひいては田園居住の意義が再認識されるのではないか。他方で、グローバリゼーションによって、ヒト・モノ・情報の国境が次第に薄れてゆく。都市や地域が直接、国際社会とつきあい自立することが、いっそう求められるようになるはずだ。

この高度化された「交流社会」では、経済成長のみを是とする近代社会では軽視されがちであった伝統産業、伝統芸能、歴史的文化財、自然景観などの価値が見直されることになるはずだ。おのずとこの種の生産や保全整備に関わる人材が必要となる。また余暇をボランティア活動や途上国の援助などに充てる人も増えるだろう。

都市に目を向けるならば、従来、工業・商業に頼っていた近代都市群においても、文化関連のビジネスが成長するはずだ。具体的には、情報に関連するコンテンツ産業、教育や出版関連の産業、観光及びコンベンション等に関わるビジターズ・インダストリー、アートや芸能など文化環境・社会環境の成熟を促す産業などが、現在以上に必要とされてくると考えられる。

新たな「交流社会」の到来を前提に、都市、さらには地域の再編成が進むと考えるならば、そこにおける「劇場性」も、おのずと異なる様相を呈するであろう。またこれまでにない可能性があるかもしれない。ひとつの予測が、情報媒体、とりわけ携帯グッズの発展が、およぼす変容の可能性である。その芽として注目したのが、たとえばコミュニティＦＭの動向である。

かつて、ラジオの深夜番組は、貴重な情報源であった。個室で孤独に勉強をしていても、人生相談や投稿を通じて、見えない友人たちと連帯感を持つことができた。兄貴分である人気DJをつなぎ役として、「集いの場」が立ち現れた。また話題の放送を聞き逃すと、翌日、学校で友人との話の輪に加われない。電波で多数の「個」と「個」を結ぶ「ヴァーチャルな集い」は、現実の人間関係にも介入した。

もっとも携帯電話やポケベル等を駆使して、街を歩きつつ情報交換ができる今日では、ラジオにかじりつくのは流行ではない。けれども、たとえばエリアを限る「コミュニティFM」「ミニFM」には、新しい「劇場性」を産み出す可能性があると予感する。以前、帯広で講演した際、地元のFM番組に、ふらっと、かつ突発的に出演させられた。遠来の珍客が来ると、とにかく出てもらうそうだ。地域に密着した媒体ならではの、気楽さ、気軽さが魅力だ。

近年、大都市で多いのは、盛り場にスタジオを置くミニ局の類だ。例えば名古屋の栄と大須を本拠とする「DANVO」では、当初、登録すれば誰でも番組に登場できるというシステムをとっていた。FM放送もカラオケと同様、「自己表現の場」となっている。

今後、今日はどの店が特売か、どこで路上ライブがあるのかなど、極端に身近な情報を流そうとする局も出てくるだろう。ローカルなメディアではなく、パーソナルな媒体に放送が変わってゆくに違いない。いわば「村内放送」の都会版である。放送を聴きながら街を回遊、リアルタイムの情報をもとに、その日の遊び方を考える若者も出てくるだろう。「コミュニティFM」は、盛り場に散らばる「個」と「個」をつなぐ媒体になり得るのではないか——。

以上のような考察を数年前、ある雑誌に書いたのだが、どうも状況は予測を上回って変化する。典型としては携帯電話の進化が著しい。もはや「放送」の受信者ではなく、「受信」をしながら絶えず「発信」をしている「個人」で街は占領されてしまった。ここでイメージされるような、新たな「携帯メディア」を使いこなす「都市遊民」、すなわち情報の発信者であるとともに受信者でもあるような若者たちが、「交流社会」における新たな演者の役割を担うのではないか。

同時に、ステージである都市や街を占拠する装置群、環境もおのずと変わってゆくのではないか。思えば自動車、テレビ、ファストフード、映画や音楽などのエンターテインメント作品など、「二〇世紀文明」を先導した商品はすべて、新しいライフスタイルのありようを呈示するものであった。また近年、注目されている集客ビジネスを考えても、時代を画した事業には、広義での生活提案を含む事例が少なくない。たとえば初期の百貨店などは、財で囲まれた豊かな生活への憧れを刺激する、一種の「消費の殿堂」として成立した。またディズニーランドなどのテーマパークでは、現実とは違う気分、ふるまいを来園者に強要するべく、ハード、ソフトともに、巧みなデザインがなされている。

これら生活提案を備えた商品は、同時に新たな「場所ビジネス」を創出してきた。自動車は個室による移動を前提とした生活を、テレビは住まいに居ながらにして外界の情報を得る方法を示した。またファストフードや映画や音楽などのエンターテインメントは、世界のいたるところで同質のサービス産業が展開しうることを証明してみせた。

生活文化の新提案は、従来にない「場所の可能性」を私たちの前に示し得る。逆に言えば、これからの「交流社会」における劇場性も、新たな時間消費の内実に関わるソフトな生活提案、ひいては「ライフスタイル」の開発によって定められるのではないか。

さきの例と関係づけるならば、たとえば携帯電話、携帯型ゲームなどの、いわゆる「ケイタイ・グッズ」は、近年、新たなライフスタイルを提案した。「移動中における情報交換」を可能とするこの種の商品は、自室にこもることを前提とした従来の情報化社会の像を根底から覆す、「場所の使い方」に関わる、ある種の生活提案を含む商品であった。移動しながら、情報を受発信しようとしている人々が、都市のなかでうごめいている。新世紀の「劇場都市」においては、この種のモビリティへの配慮、ないしは「不定形なステージ」のイメージが欠かせないだろう。

5 「世界都市」の劇場

さて、いささか論を飛躍させ、筆者の思いを簡単に記すならば、「交流社会」における新しい「劇場都市」のヴィジョンは、何らかの文化や芸術の領域において突出し、世界性を有した都市から生まれてくるものと思う。

改めて指摘するまでもなく、「世界都市」という概念は、これまでさまざまに定義されてきた。ひとつには限定的な定義がある。規模が大きく、なおかつ金融や情報、政治・経済などの面でグローバルなネットワークの一極を占め、かつ富の蓄積を果たし、しかも文化的にも豊かな生活を享受できる装置と制度を確立した都市を示すものとする考えである。

たとえば今日の「世界システム」で考えるならば、ニューヨークやロンドン、パリや東京など先進諸国の首都がこれにあたるだろう。また西洋中心の、いささか偏った史観をあえて容認しつつ回顧するならば、歴史家フェルナン・ブローデルが語る一連の中核都市、たとえば地中海貿易を握ったヴェネチア、胡椒の集積地であったアントワープ、新大陸の銀の流通を把握していたジェノヴァ、そして一七世紀には世界の覇権を握ったオランダの首都アムステルダムなどは、かつて明らかに世界性を有し、それぞれひとつの時代を画してきた。

一方、近年では、さきに示したような「世界都市」概念を相対化する定義もある。規模は小さくとも、ある領域、とりわけ「文化」と呼ばれる領域において、価値のある情報を発信できる都市を「世界都市」と認識しようとする立場だ。たとえば後者の例として、ウィーンやヴェネチア、あるいはバルセロナなどが、しばしば例示される。いずれも文化的に第一級の創造力を有していた、あるいは現在も保っていると、広く容認されている都市の群れである。

また「世界」という枠組みを、いかに解釈するかで異なる「世界都市」像も浮かび上がる。たとえば「イスラム世界」のなかにおいて、学術・信仰の拠点としての地位を保ってきたカイロ、あるいは華人の世界にあって長く首都である北京などは、当然、その影響化にある領域で暮らす人々にとって他をしのぐ「世界都市」にほかならない。あるいは「ラテン社会」「アフリカ世界」などと異なる「世界像」を記すことで、まったく別の相貌の「世界都市」も浮かび上がる。

結局のところ「世界都市」という概念は、語る人が増えるたびに解釈が増え、また都合よく再定義がなされてきたといってよい。もっともいかに多義的であっても、その規定のなかにこそ、ある「時代の精神」が常に宿っていることに間違いはない。

だとすれば二〇世紀において、いかに「世界都市」なるものが語られてきたのか。内外における「世界都市」概念の変遷と流布、そしてその用法と実践を、つまりはいわば「世界都市論史」をきちんと追うことで、都市のありようと世界認知、あるいは覇権主義と世界システムの変貌を語ることができるはずだ。

さらにいえば二〇世紀末という現在、語られている新たな「世界都市論」を分析することから、逆に世界の都市の動向と、そしておそらく今後、「都市論」の領域で語られるであろう論点を展望することが可能だろう。

昨今の「世界都市論」に見受けられるひとつの傾向としては、これまでのように単数、ないしは限られた数都市を「世界都市」として認知するものではなく、多数の「世界都市」が共存する状況を前提として、それの間を結ぶネットワークを重視するものへと変わっていくように思われる。世界システムのありようと関係づけた、いわば「世界都市群」論の意味が問われるようになっている。

そして第二には、政治・経済の中核というよりも、文化的な情報発信に秀でた都市を、あるいは世界平和や環境問題への貢献度、さらには都市住民のモラルや品格などを基準に「世界都市」を理解しようという方向性があることを指摘できるだろう。

ここにおいて了解されるのは「世界都市」なるもののリアリティをめぐる変質である。かつては「世界都市」なるものは、為政者や住民の実際行動の総体として、かたちをとった都市性を、とりわけひとつの「世界」や「文明」を代表する都市性を評価する概念であった。

しかし今日においては、それが都市運営における目標に据えられるほどに、悪く言えば矮小化しているという現実がある。実際、規模にかかわらず、ある文化に突出して、世界的に情報発信している都市を「世界都市」、いわば「小さな世界都市」とみなす際、いかなる都市であっても、今後の努力次第で「世界都市」に昇華し、自他ともに認知される可能性を秘めているのだ。

たとえば千里文化財団がまとめた報告書『新・都市の時代　世界都市の未来』のなかに、ピーター・ダニエルが示した「都市を世界都市たらしめる四つのポイント」が紹介されている。そこでは第一に知識処理をする能力があること、第二には高いレベルの意思決定を行う能力があること、第三に広範囲の仲介的なサービスを持っていること、そして第四に質の良い都市基盤を備えていることが挙げられている。ここにおいても「世界都市」なるものは、規模の問題ではなく、都市の質や格が問題とされる。計画が可能で、皆が本気に努力すれば具現化できるものとして定められている。

ここでの真意は、各地で行われている「小さな世界都市」を創出しようという試みを否定することにあるのではない。むしろ戦略と実践が均衡を果たせば、すべての都市が「世界都市」たりうるという認識を肯定してゆきたいと考える。

現時点から今世紀の世界を照射するならば、かつてのように、たかだかいくつかの「大きな世界都市」が、文明を唱道してゆく状況が続くとは思わない。大国に属する「大きな世界都市」を相対化する存在として、ネットワーク化された「小さな世界都市群」の果たす役割があり得ると思うのだ。重要な視点は、さきに述べたように、今日における「小さな世界都市」の設計で、常に語られるのが、新しい文化・芸術の創出という視点だ。そこでは文化なるものも、明らかに自覚的に語られ、見出され、意図的に創り直されていると理解されている。それは同時に、新たな「劇場性」を都市に付与しようとする動きでもあることはいうまでもない。

かつて論じられた「劇場都市」のありようは、「大きな世界都市」に見合うものであった。しかし「交流社会」に誕生するであろう、新しい都市の「劇場性」は、「小さな世界都市」を創出しようとするムーブメントのなかに息づいていると信じたい。

たとえば前に紹介した静岡市の試みなどは、現地でどう語られているかどうかはさておき、筆者の判断では「小さな世界都市」たらんとする事業であると評価してよいと思う。「世界都市」という表現が不適切であるとしても、少なくとも官民、そして市民が一体となって、文化・芸術のある領域において、「世界性」を得ようと戦略的に事業を展開しているのは明らかだ。とりわけハードとソフトを融合しつつ、新しい「生活文化」の創案・工夫をなし、住民およびビジターに、都市を舞台とした新たなパフォーマンスを要請している点は注目に値する。

文化の都心づくりを――あとがきに代えて

歩いて楽しい街

都市が魅力的で、にぎやかであることは、地域の活気には欠かせない。しかしバブル経済の崩壊後、各地で都心の空洞化が顕著である。そのような状況をふまえつつ、都市再生をめぐる議論が各地で盛んになった。ただそのプログラミングの内実はさまざまだ。ひとつの傾向は、経済成長期に失われた魅力を回復しようとする試みが着手されつつあることだろう。たとえば関西では河川や舟運の復活などが提唱されている。かつて都市の経済を支えた基盤を、異なる水準、異なる理由で再生しようとする動きである。

方法論もまた多様である。ＮＰＯなど市民セクターや民間セクターとの協働を不可欠としつつ、独自のタウンマネジメントの方法論を模索する動きもある。あるいは、中心市街地活性化をめぐる各地の動向と手法を比較すると、二〇世紀末にあって準拠とするべきモデルをなくし、揺らいでいるこの国の都市計画の座標が見えてくる。

明らかなことは、望ましい都心の姿をどう想い描き、それに応じた地域の未来像をいかに描くのかという作業に臨む際、各地で立場の違いによる対立が出てきている点だ。たとえば従来のように、中心市街地は商業・業務・文化の中枢という役割を担い続けてゆくべきという主張と、そうではなく違う機能を引き受けてゆくべきと強調する意見がある。後者の場合、たとえば病院や福祉施設、近隣商店などをコンパクトにまとめて、高齢者や社会的な弱者も安心できる「生活の都心」というイメージが膨らむ。

ただ、いずれの場合も、常に強調されるのが「歩行者のための空間」を想定して、人々が楽しく歩ける環境を整えようとしていることである。これは、この間の都心整備があまりにも自動車優先であったこと、あるいは郊外型の大型商業集積との差別化などがニュアンスとして含まれているのだろう。もっとも、北海道のある街で見聞した例では、米国なみに自動車に頼る地域であるから「歩ける都心」を整備しても仕方がない、という声が強かった。これはこれで正論かもしれない。ただ単に、人が歩けるような環境を整備すれば、それで中心市街地、とりわけ商店街が復権するとは思えない。コンパクトシティを目指すのであれば、より意欲的な

「仕掛け」が必要だろう。

一方で機能分化よりは機能の混合を、ハードだけではなく、ソフトをも含んだ都市文化の基盤となるような都心像を描く事例が増えている点にも注目したい。経済的には衰退期にあるとしても、文化的な豊かさや利便性など暮らしに関わる価値については、はるかに魅力を増してゆくことで、これまでとは異なる都心像を私たちは描く必要があるのではないだろうか。

都心だけではない。郊外開発にあっても、従来のような衛星都市や住宅都市は、人口減少期にあっては、もはや必要がないという極論がある。住宅地ではなく、次世代に不可欠な機能を混ぜる都市基盤を、郊外にも設けようという意見もある。都心再生に限らず、二一世紀初頭のこの国では、諸々の価値観の明らかな転機にあって、従来のコンセプトや方法論では通用しない。将来を見通すマスタープランを描きにくい現況にあっては、より高次元のビジョンのもと、修正の可能なプログラムを並べることが必要であろう。また中長期ではなく、短期で完結し、また見直しもきく都市づくりのアイデアが不可欠だろう。

都市の得意技

都市の将来像に関わる「語り方」が、あきらかに変わろうとしている。筆者も関西のいくつかの都市で、二一世紀に向けた都市の基本構想や基本計画の策定に委員として関わらせていただだいた。そのなかでも京都で検討された「方法論」は実に興味深い。各段階で、これまでにない市民参加の機会を設けているのだ。

成果だけではなく、策定のプロセスがまず画期的であった。三万人規模の市民アンケートや提案募集、国際コンペ、そして筆者が司会を務めたテレビ討論会「考えよう京都新世紀」などを出発点として、審議会はスタートした。さらに今度は素案をホームページで公開して、市民からのパブリックコメントを求めた。また三章からなるビジョンのうち、一章をすべて割いて「市民がつくる京都のまち」と題し、市民と行政の協力をうたうことが検討された経過がある。これほどまで徹底して、市民参加を強調する構想も日本では稀ではないか。その内容についても、議論の途中でこれまでのマスタープランにない概念がいくつも提唱された。表現にも創意がある。たとえば主語を「京都は」「京都市は」などとせずに、「私たち京都市民は」としたことなどは特記するべきであろう。市民が参加して策定したプランであるという姿勢を強調するべくなされた工夫である。

また従来であれば「都市の個性」などと、ありきたりに表記しがちであったあたりも「京都市民の得意わざ」という表現を用いようという意見があった。いわく本物を見抜く批評眼（「めきき」の文化）、ものづくりの精密な技巧（「たくみ」の文化）、他人を温かく迎える心（「もてなし」の文化）、創造性のある学習機会（「きわめ」の文化）、冒険的な精神（「こころみ」

の文化）などを、この町の人は時間をかけて培ってきたことを強調しようというのだ。文化にあっても産業にあっても、従来、「都市の個性」といえば、おのずと先人から継承していたものと見なしがちであった。しかし京都市の場合は、そうではない。受け継ぐべきものは、既存の「個性」などではなく、「得意わざ」なのだということである。要するに所与の財に頼るのではなく、自分たちの「技術」、ひいては「価値観」「方法論」を信じ、大切にせよと主張しているわけだ。

日本の各都市は、産業構造の転換、高齢化・少子化を含む人口減少傾向など、根本的な課題を抱えこんでいる。また都市間競争の激化も予想されている。そこにあっては、従来の「個性」に頼るのではなく、みずからの「価値観」「方法論」にこだわりつつも、新しい何かを創造するという発想こそ重要だろう。

文化の都心づくり

京都や大阪など、歴史ある関西の諸都市においても、都心の空洞化傾向は顕著である。空洞化した都心を蘇生させるという課題にあっても、従来の「論理」では限界がある。たとえば京都などでは、祇園祭を支えてきた「鉾町」で暮らす人が減った。山鉾の巡行も、かなり以前から大学生のアルバイトに頼るしかないのが実情である。

筆者の故郷である大阪の船場・島之内も、バブル経済の後遺症が著しい。駐車場などに、かろうじて転用された空き地が目につく。たとえばある問屋街では、夕方五時には各店のシャッターが閉じられてしまい、あとはいっさい人気《ひとけ》がなくなる。商家をはじめ、自営業のコミュニティによって支えてきたかつての都心は、すっかり別の街になってしまった。

しかしここに至っても「町家」の空間単位を評価せよという建築家がいる。また京都では「町衆の自治意識」「町衆の知恵」に頼れ、大阪では「商家の伝統」を軽んじてはならないなどという主張を、しばしば耳にする。このような意見が住民からの発言なら理解もできる。たとえば京都のいくつかの「お町内」では、自分たちで町の活性化をはかろうとする動きがあると聞くからだ。しかし知識人を標榜する部外者が、実態を見ることもなく、無責任に同様の意見を述べる際には、注意深く反論することにしている。

住まい手の多くが去っていった、いわば形骸化した町を、なおかつての流儀、これまでの「町の論理」で蘇生させようという主張は、なかで暮らす者にはむなしく響くのだ。志は理解できても、要するに町を支える担い手がいない。そういう都心にあって必要なのは、これまでの「町の論理」を熟知しつつも、一方で伝統に固執することなく、ある部分は忘却し、より多くの人々に町を開いてゆくことではないか。これまでとは違う新しい「住まい手」と、これまでとは異なる価値観をもった新しい「使い手」を受け入れてゆくことに尽きると思う。

たとえば大阪の南船場地区に、若者が注目している一画がある。テナントの賃料が下がったためか、高級ブランドのブティックが集積し始めたのだ。そのあたりを回避する若者には、旧い「船場ブランド」は何の意味もない。新しい魅力的な界隈として、かつての「船場」が違う文脈で再発見されている。

また、あえて都心のマンションに居を定める若者や外国人も少なくない。彼らの多くは「伝統」を踏まえつつ、ないしはあえて無関係に、都心居住の利便性を謳歌している。彼らに従来の「町の論理」を押しつけるのではなく、新しい「伝統」の担い手として、自覚をうながすことに意味があると思う。

都心再生事業にあって、公共セクターが創造するべき拠点は、これまでの住まい手に対するサービス施設ではない。むしろこれまでにない「担い手」「使い手」を誘う新しい交流の場、たとえば若者や外国人たちが多く集う文化施設だと考えるゆえんである。

「都心」とは、いったいどこを指すのか。地理的な、あるいは空間的に定義されるのだろうか。あるいは「中心業務地区」のように、機能から論じられるべきだろうか。ともに正しいといわざるを得ない。しかし、しばしば忘れられる視点は、時代とともに「地理的な都心」は移動してきたという認識、そして「機能面での都心」もしばしば更新されてきた、という事実である。

とりわけ歴史のある都市では明らかだ。明治時代、鉄道駅の開通によって、駅前ににぎわいを奪われたところは多い。戦後、拡張し、密度を高めてきた各都市の中心地が、今後とも繁栄する保証はどこにもない。都市のありようが変わるならば、地理的にも、機能面でも、都心も遷移してゆくと見るのが、むしろ自然ではないか。

最近、「都心」の再生は可能かと、しばしば問われることがある。それに対して私は、「再生はあり得ない。ただ新しい担い手さえいれば新たな都心を創造することはできる」と答えるのが常である。都心は、かつてのままに再生するべき空間ではない。むしろ再創造すべきもの、そして再発見の対象であると確信する。商業と業務に特化した地域が、これからの時代にふさわしい都心かというと、必ずしもそうだとは思えない。

多くの人々が、楽しみのために集まってくる。文化を享受し、仕事以外の自己実現を果たす。従来型の都心とはまた異なる、その種の文化的なセンターが、今後は創造されるべきではないか。

付記

綜合ユニコム社から刊行されている雑誌『月刊レジャー産業資料』に、「にぎわいの文化技術　仕掛けからの都市論」という文章を長く連載させていただいた。本書の大部分は、同誌に掲載された文章を再構成し、大幅に加筆訂正をほどこしたものである。文中のデータ、統計などが古いままになっているところがある。了解をいただきたい。連載の契機を与えていただいた綜合ユニコム社の万場さんはじめ、歴代の担当者である伊藤真生さん、黒羽義典さん、景山英治さんには本当にお世話になった。また、出版にあたっては、日本経済新聞社出版局編集部の増山修さんに無理をお願いした。関係各位に心からの御礼を申し述べたい。

著者記す

二〇〇二年、猛暑の終わりに　洛西・双窓席にて

著者略歴

橋爪紳也（はしづめ・しんや）

1960年　大阪市生まれ
　84年　京都大学工学部建築学科卒業
　90年　大阪大学大学院工学研究科博士課程修了、
　　　　京都精華大学人文学部専任講師
　　　　京都精華大学助教授、同大学創造研究所長等を経て、
現　在　大阪市立大学大学院文学研究科助教授、工学博士

主　著　『商都のコスモロジー』TBSブリタニカ、1990
　　　　『明治の迷宮都市』平凡社、1990
　　　　『化物屋敷』中公新書、1994
　　　　『大阪モダン』NTT出版、1996
　　　　『祝祭の〈帝国〉』講談社選書メチエ、1998
　　　　『日本の遊園地』講談社現代新書、2000
　　　　『人生は博覧会　日本ランカイ屋列伝』晶文社、2001
　　　　ほか多数

集客都市

2002年10月21日　1版1刷

著者　橋爪紳也

発行者　喜多恒雄

発行所　日本経済新聞社
http://www.nikkei.co.jp/
東京都千代田区大手町 1-9-5 〒100-8066
電話(03)3270-0251　振替 00130-7-555

印刷／奥村印刷・製本／大進堂
ISBN 4-532-35013-1　Printed in Japan